SHODENSHA
SHINSHO

マルクス・アウレリウス「自省録」を読む

岸見一郎

祥伝社新書

はじめに

今から二千年近く前にローマ皇帝であるマルクス・アウレリウスが書いた『自省録《じせいろく》』を読みながら、長年書き溜《た》めてきたノートが手元にあります。読み直すと、私が思いの外《ほか》アウレリウスから大きな影響を受けてきたことがわかります。本書はそのノートが元になっています。

『自省録』を初めて読んだのはもうずいぶん前のことです。本文にも書きましたが、母が突然脳梗塞《のうこうそく》で倒れ、入院することになりました。学生だった私が付き添うことにしたのですが、一つ問題があって、大学院の講義や演習に出席できなくなりました。そこで、研究室の仲間に後れを取らないように、ギリシア哲学を専攻していた私はプラトンの著作を病室に持ち込んだのですが、こんな時でもないと読めないからと『自省録』も持ち込みました。講義に出ていた時にはギリシア哲学の文献しか読む時間がなかったので、母の看護を病室でしている間は、この機会に常は読めないものも読もうと思い立ったのでした。

それがなぜ『自省録』だったのかは今となってはわかりませんが、以前から著書を愛読していた精神科医の神谷美恵子《かみやみえこ》が、ギリシア語を学び、仕事や家事の合間にアウレリウスがギリシア語で書いた『自省録』を翻訳していることを思い出したのかもしれません。『自省録』が生まれた背景などは第一章で見ますが、アウレリウスが折節の思索を書き留めた覚え書きである本書は、系統立った哲学書ではなく、決して読みやすいとはいえません。広い括《くく》りでいえば本書は人生論ですが、人生論には関心がないという人がいるかもしれません。

今日、人生論はもはや時代遅れ、哲学の本道ではないといわれることもありますが、人生論こそ哲学の根本問題だと私は考えています。人生とは何か、人間にとって幸福とは何かという問いは、古代ギリシア以来の哲学の中心テーマでした。アウレリウスにとってもそうでした。

母が入院した頃、私は関西医科大学の森進一《もりしんいち》先生の自宅で行われていたプラトンの読書会に参加していましたが、母の看病のために出られなくなりました。私は先生にしばらく読書会に行けないことを伝えるために電話をしました。その時、先生が私にいった「こんな時に役立つのが哲学だ」という言葉は、哲学は役に立たないと世間でいわれることの多い中、強い印象を私に残すことになりました。

死の床にある母を見て、人間は母のように身体を動かせず、意識まで失った時にもなお生きる意味があるのか、人間にとって生きる価値や意味とは何かというような問題を自分自身の問題、自分の生き方の問題として考えました。

アウレリウスはこんなことを書いています。

すべてのものは儚《はかな》**い。記憶するものも記憶されるものも**（四・三五）

すぐにお前はすべてを忘れるだろう。そして、すぐにお前のすべても忘れられるだろう（七・二一）

母が倒れる前は、漠然とこれから生きる未来のことを考えていましたが、たしかにすべては儚い、母が死ねば母を看病した日々のことも母のことも私はいつか忘れるだろう、その私も、死ねば誰からも思い出されなくなるだろう。それが人生なら生きることにはたして意味はあるのだろうかと、アウレリウスの言葉を少し読んでは立ち止まり、考え続けたのでした。

やがて母が亡くなり、私は大学院に戻りましたが、私の前に敷かれていると思っていた人生のレールが消え、人生から脱線したと思いました。ひと言でいえば、人生で成功することを諦めたのです。お金とは縁のない人生になることは覚悟していましたが、それでもなお大学教授になるといった野心もありました。しかし、そういう野心もすっかり消えてしまいました。母の死を乗り越え、これまでとは違う人生を生きる決心ができたという意味で、哲学は先生の言葉通り、私の役に立ったのです。

その哲学を私はプラトンから教わったのですが、母の入院中に読んでいた『自省録』は、プラトンよりもはるかに人生について考えさせることになりました。『自省録』には死をめぐる思索を記した文章が多くあります。『自省録』を読めば、死について考えないわけにいきませんでした。しかも、意識のない母を前にして。

ニーチェの『ツァラトゥストラ』にこんな話があります。「十年孤独を楽しんで倦《う》まなかった」ツァラトゥストラが、山から下りてくるところから始まります。ある日、泉を探していたら緑の草地に出てしまいました。そこでは娘たちが手を組んで踊っていましたが、彼を見ると踊りをやめてしまいました。しかし、彼は友好的な態度で近づいて、こういいました。

「娘さんたち、踊るのをやめなくていい。私はあなたたちのところへ遊びの邪魔をするために、意地悪い目をしてやってきたのではない。私は敵ではない……たしかに、私は森であり、深い木立の闇だ。だが、私の暗闇を怖がらない者は、私の糸杉の木立の下に薔薇《ばら》の斜面を見出すだろう」(*Also Sprach Zarathustra*)

ここでいわれる「深い木立の闇」は死の喩《たと》えです。死は、生きている限りは体験できません。臨死体験をした人がいるとしても死から生還した人はいないので、人は生きている限り死を自分の体験として知ることはできないのです。

しかし、自分の死でなくても、誰かの死を目《ま》の当たりにし、人生の終わりに死があることを知ってしまうと、もはや元には戻れなくなります。それまで価値があると思っていたこと、例えば、お金や名誉などにはまったく価値がないことがわかります。私が目の前に敷かれてあったはずの人生のレールが消えたように思ったのはそのためです。

しかし、それでも、死は怖いもの、楽しい踊りを邪魔する暗闇だと思う必要はありません。ツァラトゥストラは「私の暗闇を怖がらない者は、私の糸杉の木立の下に薔薇の斜面を見出すだろう」といっています。踊るのをやめなくていい、踊る人は人生の終わりに死が待ち構えていようと、「今ここ」で踊り続ければいい。なぜ、そういえるのか、どうすれば踊り続けることができるのか。アウレリウスは、そして私は考え続けました。アウレリウスが同じことを何度も繰り返し書き、問い続けているのは、死のみならず、多くの問題には正答というものがないからです。読者もアウレリウスと共に考えなければなりません。

作家のキム・ヨンスが、翻訳はもっとも「深層的な読書」であるといっています。翻訳しようとすれば、非常にわずかな文章であっても、一体なぜこのような話になるのかという質問を投げかけなければならないからです。

翻訳をするのでなくても原文を読もうとする時、原文でなくても翻訳で読もうとする時も、ゆっくり読めば、いくらでも疑問が湧いてきます。

「文学には正答というものはないので、反復して質問を投げかけてみれば、ある悟《さと》りに入る時がある。そのような仕方で隠れた意味がわかるようになる」（『청춘의 문장들 +』）

哲学も同じです。〝正答〟というものはありません。ないというと言い過ぎですが、答えがわかったと思ってしまうと見えてこないことはあります。

キム・ヨンスの「月に行ったコメディアン」という小説に出てくる図書館長は、先天性の白内障のために左目がほとんど見えず、右目だけで本を読んでいました。

「あの頃は要約が不可能な本ばかりを選んで読んでいました。なぜなら、ついに目が見え

なくなれば本を読めなくなるのだし、実用書やベストセラーは、読んだ人に内容をまとめて教えてもらえばいいと思ったからです」(「달로 간 코미디언」『세계의 끝 여자친구』)

私は『自省録』も「要約が不可能な本」だと思います。少しずつ、アウレリウスが残したノートをじっくりと読むしかありません。私も『自省録』の内容を要約しませんでしたが、本書を手にした人がアウレリウスが残した言葉から人生を考えるきっかけになれば嬉しいです。

なお、アウレリウスの言葉はすべて私がギリシア語原文から翻訳したものです。

目次——マルクス・アウレリウス「自省録」を読む

第二章　哲学が守る

第三章　自然に一致して生きる

第四章　他者と共生する

第五章　自分を見つめる

第六章　感情とどう付き合うか

第七章　外にあるものは人を不幸にしない

第八章 困難にどう向き合うか

第九章 善悪無記なものに固執しない

第十章　運命を受け入れる

第十一章　死について

第十二章　今ここを生きる

第十三章　『自省録』を超えて

本文DTP　アルファヴィル・デザイン

※本書に掲載する『自省録』の訳文は、すべて著者によるものである。
※訳文末の漢数字は、『自省録』の巻と章を示している。
※引用文のふりがなは、引用者が加除している。

第一章

アウレリウスと『自省録』

本章ではマルクス・アウレリウスという人がどんな人だったか、彼が残した『自省録』がどんな本なのかを見ます。なぜローマ皇帝なのにギリシア語で記したのか、なぜ「お前」と呼びかけているのかも考えます。

アウレリウスという人

『自省録』の著者は、第十六代ローマ皇帝のマルクス・アウレリウス・アントニヌス（一二一年〜一八〇年、在位一六一年〜一八〇年）です。アウレリウスは絶頂期のローマ帝国を治めた皇帝の一人で、約二百年続いた繁栄と平和に陰《かげ》りが見え始めた時期に帝国の難しい舵《かじ》取りを担いました。

五賢帝《ごけんてい》の最後であるアウレリウスの時代は、水害や疫病《えきびょう》が発生し、四方の辺境から蛮族が侵入を試み始めており、帝国はもはや昔日《せきじつ》の栄光を失い、皇帝も昔日の権力を持ってはいませんでした。皇帝だからといって実権を握っていたわけではなかったので、決して自由な身分ではなかったのです。

自由になれたのは、昼間の政務から解放された、ただ一人寝室に引きこもる時でした。後に見るように、皇帝自身が戦地に赴《おもむ》き、野営のテントで蠟燭《ろうそく》の灯《あか》りを頼りに書いたのが『自省録』です。

アウレリウスは、ローマの名門家庭に生まれました。賢帝による治世が続き、ローマ帝国が平和と繁栄を謳歌していた時代です。幼名はマルクス・アンニウス・ウェルスといいましたが、皇帝家の養子になった頃から、アウレリウスを名乗るようになりました。

法務官の職にあった父親のマルクス・アンニウス・ウェルスは、アウレリウスが三歳の時に亡くなりました。父と死別したアウレリウスは、当時の慣例に従って、祖父アンニウス・ウェルスの養子になりました。この祖父は当時の皇帝ハドリアヌスの側近でした。皇帝は幼いアウレリウスをかわいがり、ゆくゆくはアウレリウスを皇帝にしようと考えていたようです。

教育熱心だった曽祖父のルキウス・カティリウス・セウェルスは、七歳になったアウレリウスを一般の学校には通わせず、一流の学者たちを家庭教師につけて自邸で学ばせました。ギリシア語、ラテン語、音楽、数学、法律、修辞学を学びましたが、中でももっともアウレリウスを惹きつけたのが哲学でした。

十四歳の時、次期皇帝に指名されていたルキウス・ケイオニウス・コンモドゥスの娘であるケイオニアと婚約しました。ところが、コンモドゥスは急死し、新たに後継者として指名されたアントニヌス・ピウスの養子になりました。

皇帝ハドリアヌスが亡くなると、帝位を継いだアントニヌス・ピウスはアウレリウスにケイオニアとの婚約を解消させ、自分の娘であるファウスティナ（当時八歳）と婚約させ、アウレリウスを次期皇帝に指名しました。この時、十八歳だったアウレリウスは、喜ぶどころか、むしろ恐怖を感じたと伝えられています。哲学者として生きる道が断《た》たれることに加え、宮廷内の悪事や放埒《ほうらつ》を見聞きしていたので、自分の未来に何が待ち受けているか想像できたのでしょう。

それでも、アウレリウスは公務に献身し、ピウス帝が亡くなると、三十九歳で帝位を継承しました。即位に際して、同じピウスの養子で九歳年下のルキウス・ウェルスを共同統治帝にしました。二人の正帝が共同統治したのは初めてのことでした。

哲学者として生きることをアウレリウスが切望していたのであれば、この時点でルキウスに帝位を譲り、以後、哲学に専心するということもありえたでしょうが、そうしなかったのは、ハドリアヌスとピウス、二代にわたる賢帝の意向に背くことになると考えたことに加え、運命を甘受し、義務を果たすべきだと考えていたからでしょう。

ルキウスとの共同統治を待ち受けていたのは、度重なる天災と四方にある辺境からの外敵の侵入でした。自ら軍を率いて国防の前線にも赴きました。自ら軍を率いて遠征しましたが、一時ローマに帰還する途中で、ルキウスが三十九歳で急死しました。共同統治は八年で瓦解《がかい》しました。

アウレリウスには十四人の子どもがいましたが、多くは夭逝《ようせい》し、成人したのは娘五人と息子一人だけでした。兵士から「陣営の母」とまで慕われた妻であり皇后であるファウスティナ（アントニヌス・ピウス帝の娘）も、戦地に同行中に四十五歳で急逝しました。『自省録』をアウレリウスが書き始めたのは、この頃からだといわれています。

アウレリウスは十五歳になった息子をルキウスの後継として共同統治帝に任命しますが、この息子が後に暴政を敷いて暗殺されるコンモドゥスです。逸材を登用して後継に据《す》えるという慣例を破り、無能な実子に継がせたのは、アウレリウスが犯した唯一の失策と指摘する歴史家もいますが、実子がいるのになぜ他の人に継がせる必要があるのかと、ふと父親としての一面が現れたのかもしれません。

コンモドゥスとの共同統治を始めて二年、アウレリウスは前線で冬営中に病《やまい》に倒れました。不治と見るや、飲食を断ち薬を飲むこともなく、四日後に臨終を迎えたといわれています。五十八歳でした。

ストア哲学

アウレリウスが少年時代からもっとも惹きつけられ、深く傾倒していたのは古代ギリシアのストア哲学です。始祖はキプロス島キティオン出身のゼノン（紀元前三三五年～前二六三年）で、ストアの名は彼がアテナイの列柱廊（ストア）で講義していたことに因《ちな》んだものです。英語の「ストイック」(stoic）はこれを語源としています。

ストア派の系譜は大きく三期に分けられ、アウレリウスは後期ストア派の一人に数え上げられています。特に影響を受けたのは、同じ後期ストア派のエピクテトスでした（五五年～一三五年）。小アジア出身のエピクテトスは奴隷として仕えながら、後に解放され、後半生はギリシアで学生を教えました。

エピクテトスの晩年は、アウレリウスが哲学に感化された少年時代に重なりますが、アウレリウスは直接エピクテトスから教えを受けたのではなく、恩師のルスティクスの蔵書によって、エピクテトスの思想を知りました。

『自省録』がどんな本なのかは次節で書きますが、ストア哲学の資料として見た場合には第二級であるとか、思想内容に独創性がない、折衷であるなどと評されることもありますが、研究者でない大方の読者には問題にはなりません。誰からどんな影響を受けどう理解したのであれ、アウレリウスが何を考えたか、そして、時に揺れるアウレリウスの考えに触れ、読者自身が自分で考えることだけが重要だからです。

自分自身のための覚え書き

アウレリウスが、戦いに明け暮れる中、野営のテントで蠟燭の灯りを頼りに、自分の思いをノートに書き留めたのが『自省録』です。自分自身のための個人的なノート、覚え書きであり、公刊の意図はありませんでした。

日本では『自省録』という名前で知られていますが、書題はアウレリウスがつけたのではありません。後世の人がつけたものでしょうが、誰がいつつけたのかはわかりません。

ギリシア語の原題は「タ・エイス・ヘアウトン」です。ta は冠詞の複数形、英語では the にあたります。heauton は「自分自身」という意味ですが、eis をどう訳すかが問題になります。英語では into に相当し、「～の中へ」という意味ですが「～のために」と訳すこともできます。冠詞の後の名詞は省略されているので、「自分のためのもの」、何か言葉を補うのであれば、「自分自身のための覚え書き」というような意味になります。

アウレリウス自身が書いた原本は残っていません。それを写したコピーはありますが、コピーといっても手で書き写したものなので、欠落、誤記があります。

古くなると新しく書き写されますが、もっとも古い写本はアウレリウス没後八百年ほど経過した十世紀のものだといわれています。本書に限らず羊皮紙やパピルスに書かれた写本は脆弱《ぜいじゃく》で、物理的に残すことが困難であり、保存状態がよくないと解読できなかったり、火災や略奪の憂《う》き目に遭《あ》うこともあります。今日私たちがアウレリウスが書いたものを読めるのは奇跡といっていいくらいです。

ギリシア語原文とラテン語訳文の対訳本が活版印刷されて刊行されたのは、ようやく十六世紀の半ばです。以後、ヨーロッパ各国で翻訳・出版の動きが広まりました。

内容的なことでいえば、全編にわたって「私」の話なのですが、周りで起きた出来事やそれに関わった人の名前は書かれておらず、地名もわずかにしか言及されていません。政治性も皆無に等しいので、皇帝が書いたものであるにもかかわらず、焚書《ふんしょ》として葬《ほうむ》られることはありませんでした。何よりも後世に残り古典として長く読み継がれているのは、読者が『自省録』には後世に伝えるに値する価値と普遍性があることを見て取ったからです。

アウレリウスは、ギリシア語で『自省録』を書きました。アウレリウスはラテン語を母語とするローマ人ですが、ラテン語ではなくギリシア語で書いたのは、彼が依拠したストア哲学の術語がギリシア語だったからです。当時の哲学用語は、ギリシア語が主流で、ギリシア語からラテン語に翻訳しないでそのまま使う方が簡単だったのです。

他の人にも読んでもらうつもりであればラテン語で書いたでしょうが、自分のためだけに書くのであれば、ラテン語で書く必要はなかったのです。

ギリシア語で書いたのは、他の人に読まれたくなかったということもあったかもしれません。理由はともかく、自分には読めない言葉で皇帝が何かをノートに書きつけている姿を見た人がいれば、一体何を書いているのか不気味な思いがしたり、不安を感じたかもしれません。

石川啄木《いしかわたくぼく》がローマ字で記した日記を残しています（*ROMAZI NIKKI*）。なぜ、彼はローマ字で日記を書いたのか。

「Yo wa Sai wo aisiteru; aisiteru kara koso kono Nikki wo yomase taku nai noda.」

たしかに日記には妻に読まれたくないと啄木が思ったであろうことが書いてあります。

しかし、これが日記をローマ字で書いたことの理由であることを啄木自身も「ウソだ」と否定しています。フランス文学者の桑原武夫《くわばらたけお》は啄木がローマ字という表記法をとることによって、（1）家族に読まれたくないという意味で、精神的な、さらに倫理的抑圧から、（2）日本文学の抑圧から、（3）さらにそれらも含めて社会的抑圧から逃れることができたといっています。

日本文学の伝統の抑圧から逃れるというのは、ローマ字で表記すると、書く内容そのものも変わってくることがあるということです。桑原武夫は、新しいノートにローマ字で書き出してから、啄木の日記は急に描写が精密になり、心理分析も深くなっているといっています。

韓国の作家、グカ・ハンはインタビューで、韓国語では、言葉は歴史、過去、あまりに厄介な感情に結びついているので重すぎるといっています。彼女がフランス語で書く小説は、母語の重みから解き放たれた普遍的で透明なものです。

ローマ字で表記する場合はあくまでも同じ日本語なので、外国語で小説を書くのとは事情は違いますが、啄木もこれと似た解放感があったかもしれません。

このように考えると、アウレリウスはギリシア語に堪能ではありましたが、単に、ギリシア語で書く方がストア哲学の言葉を使う時に便利だったからではなく、母語で書く時とは違った表現になることを知っていたのではないかと思うのです。つまり、自分の内面を見つめ自分の思いを綴《つづ》るために、あえてギリシア語という外国語を使ったのではないかと思うのです。

もう一つ考えておくべきことは、自分のためにだけ書いたノートなので、『自省録』は意味が取りにくいところが多々あるということです。公刊を意図する本であれば、一度書いたものに後から必ず手を入れます。著者が書き直しをしたくなくても、校正者は容赦なく訂正を要求してきます。

和辻哲郎《わつじてつろう》の『イタリア古寺巡礼』という本があります。和辻の説明によれば、この二十数年前にイタリアを旅行した時、行く先々のホテルで気軽に書いた自身の私信を収録したものです。もっと考え直したり調べ直したりして念の入ったものにするつもりだったが、長く放置していたら、書いたこと以外は忘れてしまい、どうにも手のつけようがなくなった。だから、文章の末節をいくらか直した他はもとのままであると和辻はいっていますが、実際には、かなり手を入れています。

そうすることでたしかに読みやすくはなっていますが、私信、つまりそれは妻に宛てた手紙なのですが、手紙に書かれている個人的な言葉が割愛されています。この和辻が妻に宛てた手紙は『妻　和辻照への手紙（上）（下）』として刊行されています。それも実際には校正されているはずですが、私の印象では、元の手紙の方が和辻の思いが吐露《とろ》されていて、はるかにおもしろいのです。

ただし、手紙であれば、誰かに——和辻の手紙であれば、妻に——向けて書かれるのですが、『自省録』はその誰かが自分です。自分だけがわかればいいということであれば、後から書き直す必要はなかったでしょう。その代わりに、誰も読まないので気持ちを偽《いつわ》らず書くこともできたはずです。

「お前」という呼びかけ

『自省録』は皇帝が書いた箴言集《しんげんしゅう》のような本ではないか、賢帝と呼ばれた道徳家の話など聞きたくないと思って手に取ろうともしない人がいるかもしれません。そういう類《たぐい》の本ではないことは少し読めばわかります。アウレリウスは誰かに向けて自説を披瀝《ひれき》したり説教しようとしたりしているのではなく、自分の内面を見つめ、自分の行動を反省し、自分に言い聞かせるためにノートを書いたのです。

私はその日したことをノートに書き留めることはあります。しかし、ただ誰かに会ったというだけではなく、その人と会った時にどう思ったか、その人についてどう思ったかを書こうとすると、誰も自分が書いたものを読まないことはわかっていても、身構えてしまいます。人のことについて否定的なことを書くのはもとより、自分についても正直に書くことをためらってしまいます。しかし、アウレリウスは思ったまま、感じたままに書いているように見えます。アウレリウスがどんなふうに書いているのか見てみましょう。

夜明けに不機嫌な気分で目を覚ました時、すぐにこう考えよ。「私が目が覚めたのは、人間の仕事をするためだ」と。それなのに、まだ私がそのために生まれたことをするというのに、私は不機嫌なのか。それとも、寝床の中で自分を温めるために私は作られたのか。

「でも、その方が心地よい」

すると、快適であるために私は生まれてきたのか。つまりは、お前は情念のために生まれたのか、それとも、活動のために生まれたのか。お前は見ないのか。植物が、雀《すずめ》が、蟻《あり》が、蜘蛛《くも》が、蜜蜂《みつばち》が自分の仕事をし、それぞれが秩序ある宇宙を作り上げているのを。それでも、お前は、人間の仕事をしようとは思わないのか。自然がお前に命じるものへと走ってはいかないのか。

「しかし、**休むことも必要だ**」

私も同意する。しかし、**自然**はそれにも**限度を与え**、**食べる**ことと**飲む**ことの**限度**も**与え**たのだ。それにもかかわらず、**お前は十分**なものを**超えて突き進む**のか。しかし、**行為**においては、もはやそうしないで、**可能**な**範囲**でそうしている。**お前**は**自分自身**を**愛**していないからだ。さもなければ、**お前**は**お前**の**自然**とその**意図**を**愛**しただろうからである（五・一）

アウレリウスは自分自身に向かって「お前」と呼びかけ、自分自身と対話をしているのです。ここで引いた箇所では、私は寝床で自分を温められるために作られたのか、「でも、その方が心地よい」というふうに抵抗しています。自然がお前に命じるというのは、後で見ますが、「理性」が命じるという意味です。

外に言葉を発したらその言葉に他者が反応し、その反応を言葉として伝えます。「対話」はギリシア語では「ディアロゴス」といいますが、その原義は「ロゴスを交わす」ということです。「ロゴス」は「言葉」であり、「理性」という意味でもあります。

思考は自分が自分と行う内的な対話です。自分が声を出さないで発する言葉に、自分が反応するのです。頭の中でだけ考えることはもちろんできますが、ノートに考えを書きつけると、思考が可視化されます。

なぜそうすることが必要かというと、自分が自分と行う対話は他者との対話に比べてどうしても甘くなってしまうからです。そうならないために、内的な対話である思考を言葉にして外化する必要があります。ノートに書くのは、思考を外化するためです。頭ではわかっていたと思っていても、書いてみるとわかっていないことがわかります。また、わかっていてもなお実践するのは困難だと思うとしたら、なぜそう思うのかもともかく書いてみると、なぜ実践が難しいのか、そのわけも見えてくることがあります。

アウレリウスはノートを書く時、「お前」と自分に呼びかけました。そうすることで、自分を客観視し、さらにともすれば甘くなりがちな自己内対話は、他者と対話をする時のように緊迫したものになっています。

アウレリウスは、自分がストア哲学を正しく理解しているかだけでなく、実践もできているかを検証するために、偽ることなく正直に自分の思いを書いています。だからこそ、アウレリウスは自分以外の誰かがノートを読むことになるとは思っていなかったでしょうが、後世に残されたノートを読む私はアウレリウスに共感できるのです。

読んでいると、アウレリウスは自分に向かって「お前」と呼びかけているのに、アウレリウスから呼びかけられている気がしてきます。『自省録』を翻訳した神谷美恵子は、次のようにいっています。

「この中で皇帝は自己に語りかけているのだが、ふしぎなことに、それがそのまま私に語りかけられているような思いがした」(『遍歴』)

アウレリウスに話しかけられた私はもちろん黙っていることはできません。

ありのままの自分を見る

不可能なことを求めるのは狂気の沙汰だ。愚かな人が何かそのようなことをしないのは不可能である(五・一七)

「何かそのようなこと」が何であるかは書いてありませんが、達観しているというよりも、どこか少し見下しているように読めないことはありません。ここで省略されている三段論法の結論を書けば次のようになります。

「故《ゆえ》に、愚かな人が愚かなことをしないのを求めるのは狂気の沙汰だ」

お前が怒りを爆発させたとしても、それでも彼らは同じことをするだろう（八・四）

これは後でもう一度取り上げますが、よほど腹に据えかねることがあって、実際に、怒りを爆発させることもあったかもしれません。

そんな自分を肯定しているわけではありません。

もう**お前は死**んでしまうだろう。それなのに、**心**には**表裏**があり、**平静**でいることもできていない。**外**から**害**されるのではないかという**疑**いは**去**らず、すべての**人**に**対**して**親切**にもなれない。**思慮**あることは**正**しい**行**いをすることであるとも**考**えていない

（四・三七）

ありのままの自分を見ることは難しいことです。私はアウレリウスが自分ができていな

いことを正直に書いていることに好感を持ちます。もしも「心に表裏なく、平静でいなければならない」と書いてあれば、説教されていると思うかもしれません。

自分自身を**辱**《はずかし》めよ、**辱**めよ、おお**魂**よ。**お前自身**を**尊敬**する**時**をもはや**お前**は**持**たないだろう。なぜなら、**生涯**は**誰**にとっても**一度**きりだからだ。そして、**お前**の**生涯**はもう**終**わろうとしている。それなのに、**自分自身**を**尊敬**することなく、**他者**の**魂**の**中**に**自分**の**幸福**を**預**けている（二・六）

「他者の魂の中に自分の幸福を預けている」ということの意味は後で見ますが、ここで「自分自身を辱めよ」と激しい言葉を自分に向かって投げかけていることが注意を引きます。自分を辱めるのは、自分自身、自分の内なる神性を尊敬することの真逆のことです。

このような言葉をアウレリウスが書くはずはないとテキストを改める人もいますが（「お前は自分自身を辱めている」）、自分を尊敬できていないのであれば、現状の自分を批判するためにお前を辱めよとアウレリウスがいっていることに、私は違和感はありません。後に見るように、何事にも心を乱されることなく平静でいることができないことを認めるのは、長く学び実践してきたストア哲学を学び切れていないということです。外から害されることはないとアウレリウスはいっています。なぜそうなのかは後に見ますが、外に起こることで自分が不幸になり、反対に幸福になるわけではありません。そのことを理解しているつもりでも、なお疑いは去らないというのです。

他者に親切にするなどして協力すること、また、不正を行うのは無思慮だからであるというのも、ストア哲学の基本的な考えです。それなのに、もう死んでしまうだろうという時になっても、まだなお自分があれもこれもできていないとアウレリウスはノートに書きつけています。

懐疑は哲学に必要なことです。他の人が、しかも多くの人がいっているからと自分では考えてみようとはせずに、安直に常識的な考えを受け入れたり、実践できていると思うよりもはるかに望ましいことです。少なくとも、アウレリウスはノートには本当の思いを書くことができたのでしょう。

第二章

哲学が守る

本章では、アウレリウスの人生に引きつけて、彼がそれなしには生きることはできなかった哲学がどういうものなのか考えてみます。哲学は、学問というよりは、現実の中で――具体的には、対人関係の中で――どう生きるかを考える時の指針を与えるもので、生活とかけ離れたものではありません。

わずかでも前進すれば

プラトンの国家を望むな。わずかでも前進すれば十分だと考えよ。そして、その成果をわずかなものと考えよ（九・二九）

アウレリウスは、プラトンが理想とした哲人政治を具現した賢帝といわれています。アウレリウス自身も、「哲学者が統治するか、統治者が哲学をするかなら国家は栄える」と語っていたと伝える歴史書があります。

アウレリウスはプラトンの対話篇を何度も引用しているので、プラトンの哲人王の考えを知らなかったはずはありません。

プラトンは家柄もよく素質にも恵まれていたので、当然政治家になるつもりでいたのですが、ソクラテスに出会って影響を受けました。とりわけ、ソクラテスが死刑になり、「万事がすっかり転変していくのを見て、ついには眩暈《めまい》がした」とプラトンは書簡の中に書いていますが、その後、政治に失望し哲学に向かったのではなく、むしろ政治と哲学をどのように一本化できるかを考えました。

そして、国家の正義も個人の正義もすべて真の意味での哲学からこそ見てとれると考えるようになり、政治権力と哲学的精神が一体化しなかったら、国家にも人類にも不幸の止むことはないという哲人王の思想に到達しました。

アウレリウスはプラトンがいう哲人政治は理想であり実現できないと思って諦めることなく、できることから少しでもやっていこうと自分に言い聞かせていたとも取れます。しかし、アウレリウスは政治に携《たずさ》わりたいと心から思っていたわけではなく、皇帝になることが哲学を学ぶ妨《さまた》げになるのではないかと思い悩んでいたとすれば、積極的に哲人王になろうとは考えておらず、「わずかでも前進すれば十分」だと書いていることから、アウレリウスは政治に対して前向きであったようには私には読めません。

今の時代の政治を見ると、国をよくしたいと考えて政治家になりたいと思う人はいるでしょうが、名誉心に囚《とら》われ私腹を肥やしたいと思っている政治家が多いように見えます。たとえ周りから求められても断るくらいの人の方が真っ当な政治家になれるのではないかと思います。自分がしたいことがあっても二の次にし、人のために尽くそうと思う人は、今の時代少ないように見えます。

皇帝でもなく、政治家になろうとしない人にとっては、アウレリウスのこの言葉を読んでも、自分に関係があるとは思えないかもしれません。しかし、生活するためにエネルギーと時間を仕事に費やさなければならない現実の中にあって、幸福であるためにどう生きるべきかを考える人にとっては、現実の中で理想をどう自分の中で位置づけ実現していくかの一つの指針になります。

理想を掲げても実現しないのだから、絶望するくらいなら初めから理想を掲げてはいけないという人は現実に埋没してしまうことになります。

そうならないための助けになるのが哲学です。哲学は現状を追認することに終始しません。たとえ実現が困難であっても、現実はどうあるべきか、その中でどうするべきかを明らかにするのが哲学です。

どこでも生きられる

もしもお前に義母と生母が共にいるならば、義母に仕えながら、それでも生母の元に帰り行くことは絶え間ないことになるだろう。それが今のお前には宮廷と哲学である。哲学にしばしば戻っていき、そこに身を寄せ、休息せよ。それによって、宮廷でのこともお前に我慢できるものに思われ、お前もその中にあって我慢できる者に（他の人に）見えるのだ（六・一二）

日々仕事に明け暮れ、自分が本当にしたいことをしていないのではないかと思っている人は、哲学者として生きたいという思いと、皇帝として生きなければならない現実の間で生きたアウレリウスのこの言葉を読むと、アウレリウスに共感できるでしょう。

つらい仕事、不本意な仕事をしていても、哲学が支えとなれば、そこは誰にも侵されない安息の場となります。そこで心の平静を得ることができれば、毎日の生活はただつらいだけのものではなくなります。

アウレリウスは皇帝として生きましたが、私たちは今の生き方をやめる決断ができないわけではありません。アウレリウスも現実的にはかなり困難なことであったとしても、皇帝を辞めることができなかったわけではありません。

私たちにも生活のために働かないわけにいかない現実があるので、仕事を辞めようと思っても現実的にはアウレリウスと同じくらい難しいのですが、つらいばかりであれば、自分の人生を生きることはできません。意に沿わない生き方をしているのに、我慢して生きるには人生はあまりに短いのです。

それでも、今の仕事がつらいからと仕事を辞めたらそれで問題を解決できるかといえば、そういうわけにはいきません。アウレリウスはただただ皇帝として生きることがつらかったのかといえば、そうとはいえません。私たちも仕事をしている時間はつらいばかりで、本来の生活は働いていない時間、職場以外の場にしか見出せないと考えていれば、仕事を変えても、また同じことが起きるかもしれません。

アウレリウスが皇帝としての仕事は我慢しなければならないものであり、「生母」である哲学のもとに戻った時にだけ安息できると考えていたとしたら、一日の大半は苦しいものであったでしょう。

しかし、アウレリウスは皇帝として生きることと、哲学者（愛知者）として生きることを、一方を仮のものだと考えていたわけではないようです。次のようにいっています。

生きることのできるところでは、善《よ》く生きることもできる。ところで、宮廷においても生きることができる。したがって、宮廷でも善く生きることができる（五・一六）

「善く生きる」という言葉は、プラトンの『クリトン』に出てきます。ソクラテスは「大切にしなければならないのは、ただ生きることではなく、善く生きることである」といっています。

「善く生きる」とは、「幸福に生きる」ということです。「善く」を名詞化した「善」はギリシア語では道徳的な意味はなく、「ためになる」という意味です。自分のためにならないことをしたり、不幸になりたい人はいません。しかし、どうすることが自分のためになるのか、どうすれば幸福であることができるかは自明ではありません。

どこで生きるかは、幸福であるか不幸であるかには関係ありません。ある特定の場で生きることが、人を幸福にするのでも、反対に不幸にするのでもありません。「生きることができるところであれば、どこでも善く生きることもできる」。そう考えて、アウレリウスは、皇帝として宮廷で生きながら、同時に哲学者として生きる決心を固めたのでしょう。

宮廷では見かけだけ政治家としてふるまい仮の人生を送っていたわけではなく、宮廷の人生も本来の人生だと見なしたのです。なぜ、そういえるかは後に考えてみます。とはいえ、二重生活の葛藤を簡単には克服はできなかったでしょう。

全生涯を、あるいは若き日からこれまでの生涯を学者として生きることはもはや不可能であるということ、それどころか、自分が哲学から遠く離れていることが他の多くの人々にもお前自身にもはっきりしたということも虚栄心を持たぬために役立つ。それ故、お前は汚れており、哲学者としての名声を得ることはお前にはもはや容易ではない。生活の基盤もそれに抗《あらが》っている（八・一）

アウレリウスはここでは哲学についての見方、哲学との関わり方を変えようとしています。誰も何らかの形で他者と関わることなしには生きていくことはできません。しかし、対人関係の中で傷つくことがありますす。こんな目に遭うのであれば、いっそ誰とも関わらないでおこうと決心する人がいてもおかしくないくらい、対人関係は苦しみの源泉だといえます。対人関係の中での摩擦《まさつ》や軋轢《あつれき》は、私たちを不幸にするように見えます。

しかし、生きる喜びや幸福も対人関係の中でしか得ることはできません。これは誰かと一緒に生活しているという意味ではありません。一人でいても他者と結びついていると感じられます。後にアウレリウスが他者との結びつきについてどう考えているかについて見ますが、人は一人で生きていくことはできないので、幸福について考えるということは対人関係について考えるということでもあります。

哲学者であるということと研究者であることはまったく別のことです。哲学が名声とは無縁のことであるのをアウレリウスは知っていたはずなのですが、哲学から遠く離れることが虚栄心を持たないために役立つとアウレリウスがいっていることは、私が若い頃、大学に勤めて哲学の研究をすることを断念した時のことを思い出させます。

断念という言葉は適当ではないかもしれません。病床で身体を動かせず、意識まで失った母を見ていて、この時にもなお人間に生きる価値はあるのかと考え抜きました。このようなことについて考えるためには、研究者になる必要はないと考えたのです。

お前が今いる状況ほど哲学するために適した生活はないということが、どれだけ明らかに納得されることか（一一・七）

先の引用を読んだ後で、「お前が今いる状況ほど哲学するために適した生活はない」とアウレリウスが書いているのを読むと、哲学に戻れば、そこで休息でき、皇帝としての仕事を我慢できるとか、宮廷でも善く生きられると自分に言い聞かせているように書いたアウレリウスが皇帝として生きることと、哲学者として生きることの葛藤はどうなったのかと思ってしまいます。しかし、後に精神科の医院で働いた経験のある私には、アウレリウスがいっていることの意味がよくわかります。

哲学では幸福とは何か、どうすれば幸福に生きられるかということを問題にしますが、この幸福は対人関係から離れて考えることはできません。肘掛け椅子の哲学者（armchair philosopher）であれば、対人関係「について」書斎にすわって考えるでしょうが、対人関係「を」本当に理解するためには、対人関係の中に入っていくしかありません。

その意味で、アウレリウスにとって宮廷での皇帝としての生活は、「哲学をするために適した生活」だと思えるようになったのでしょう。

断念するということ

アウレリウスの場合であれば、皇帝として生きなければなりませんでしたが、他方、少年時代から学んでいた哲学を究めることも断念することはできませんでした。政治か哲学かどちらを取るか悩むというようなことは普通ありませんが、相反する（ように見える）二つの（もしくは、それ以上の）選択肢を前にどれを選択するか、どれを断念するべきか悩むということはあります。

一つの考え方としては、どちらかを断念することです。あらゆることをやり遂げるということはできなくもないですが、かなり困難なことなので、少なくとも優先順位をつけ、重要なものを最初にやり、もしも時間や余力があれば、もう一つのことをやるというのが、現実的な問題の解決方法といえます。問題は、何を優先するか、場合によっては断念するかということです。

あるピアニストは難病で寝たきりになりました。病気が治ってからピアノを弾こうと思っていましたが、三年経っても治りませんでした。しかし、ピアノを弾くことを断念しませんでした。病気が治ってすわれるようになってから弾くのを断念しました。寝たままで弾けるようにピアノを改造したのです。

哲学者の三木清《みききよし》が本当に断念することについて、次のようにいっています。
「断念することをほんとに知っている者のみがほんとに希望することができる。何物も断念することを欲しない者は真の希望を持つこともできぬ」（『人生論ノート』）
希望にも断念にも「ほんとに」「真の」という限定がされていることに注意が必要です。すべてを最初から諦めているような人は、本当の意味で断念することを知らないのです。何も断念できないような人は、真の希望を持つことはできません。何かを断念することで別の道に希望を見出す、これは人生の知恵だといえます。

弁証法や自然学に通じた者になる希望を絶たれたからといって、まさにそのために、自由人に相応《ふさわ》しく、恥を知り、社会的であり、神に従順であることを断念してはならない（七・六七）

ストア哲学は弁証法（論理学）、自然学、倫理学に区分されますが、アウレリウスは、前二者に通じることを断念したといっているのです。
できないことはできないと知ることは、真に希望するために必要です。若い時にはあれもしたいこれもしたいと多くの希望を持つものですが、現実にはできることとできないこと、叶う夢と叶わない夢があります。現実を目の当たりにして諦めていく人も多いでしょう。

しかし、最後に残ったものが本当に自分の希望していたものだと思えるような人生であれば、どれほど多くの夢を諦めたとしても、夢を叶えた人生だといえるのではないでしょうか。

あの時ああしていればよかったのに、あれができればよかったのにと、いつまでも諦められないことがあります。しかし、若い頃の希望、夢にこだわって、それが実現できなかったことを悔やみ続けることで、今の人生を棒に振ってしまうとしたら残念なことです。

また、長く続けてきたことが、それは自分が本当に望んでいたことではないことがわかることがあります。そんな時には、これまでしてきたことをやめて新しい人生を生きる決断をするしかありませんが、それまでやってきたことを簡単に断念できません。もう少しやれば何とかなる、成功するはずだと、自分でも半ばこれでは駄目だろうとわかっていても、断念できません。

もう少し頑張れば何とかなるというよりは、新しいことを始めてもうまくいかないかもしれないという恐れの方が強いということもあります。

もう一つの解決方法としては、どちらも手がけることができるように調整することです。アウレリウスは、そのことを試みました。

つまり、哲学を学問として学ぶのではなく、現実の生活の中で究めるものだと考えたのです。論理学や自然学を研究すること、哲学を研究者として学ぶことを断念しても、正しく行動し、「社会的」であること、つまり、他者と関わっていけば、哲学を断念することにはなりません。

対人関係は哲学の重要なテーマです。人と関わらないで学ぶことはできません。経験があれば学べるわけではありませんが（そうであれば老人は皆賢者であるはずです）、対人関係の中で学べること、対人関係の中でしか学べないことはたしかに多々あります。

理性を守り抜く

ギリシアの哲学者タレスは、ある時、星を観察するために、老婆を伴い家の外に出ました。ところが、溝に落ちてしまいました。大声で泣くタレスに老婆はこういいました。

「タレスよ、あなたは足元にあるものを見ることができないのに、天上にあるものを知ることができるとお考えなのですか」（ディオゲネス・ラエルティオス『哲学者列伝』）

哲学者というのは、このエピソードのように、「天上にあるもの」を知ろうとするけれども、地に足がつかない現実離れした人であると一般には思われることがありますが、政治の実務もこなしながら哲学を学んだアウレリウスは、むしろ、現実の対人関係の中に身を置き、皇帝としての義務を果たすことが思索のためには必要であると考えました。

しかし、アウレリウスならずとも、誰もがどんな状況の中で生きていようと、対人関係において耐えることを強《し》いられたり、事故や天災などの困難に遭って我慢することを強いられても、瞬く間に人生が終わってしまうようであれば、生きる意味は何なのか。こんなことを考えている人は、周りの人には天井を仰いでばかりいるタレスのように映るかもしれません。

アウレリウスは人生は次のようなものだといっています。

人間の生の時間は点であり、その実体は流動し、感覚は混濁し、肉体全体の組織は容易に朽《く》ち、魂は渦巻きであり、運命ははかりがたく、名声は不確実だ。要は、肉体に関わるすべては流れであり、魂のそれは夢であり、妄想である。人生は戦いであり、

客人の一時の滞在である、後世の評判は忘却である（二・一七）

このアウレリウスの言葉の意味は、少しずつ見ていきますが、すべてが移ろいゆく不確実で運命に翻弄されて生きるしかないように見えるこの人生において、

我々を守れるものは何か。それはただ一つ哲学だけだ。その哲学とは、内なるダイモーン（神霊）を辱められず、傷つけられぬものにし、また、快楽と苦痛に打ち克《か》ち、何一つでたらめにすることも欺瞞《ぎまん》と偽善をもってすることもなく、他人が何かをするかしないかには何も求めない者として守り抜くことである（二・一七）

哲学が「我々」を守ることができるとアウレリウスは書いていますが、何よりも哲学は皇帝として生きるアウレリウス自身を守るものでした。先に見たように、アウレリウスは皇帝として生きると共に、言葉の本来の意味で哲学者であろうとしました。

「内なるダイモーン（神霊）」とは理性のことです。哲学は理性を守り抜くものであるというのは、哲学がなければ理性を守れないということでもあります。

「哲学」という言葉の本来的な意味は「知を愛する」ことですが、知るのは理性の働きです。何を知るのか。後に詳しく見ますが「善」とは何か、「幸福」とは何かを知るのです。この「善」には道徳的な意味はありません。善は「ためになる」、悪は反対に「自分のためにならない」という意味です。

「快楽と苦痛に打ち克ち、何一つでたらめにすることも欺瞞と偽善をもってすることもなく、他人が何かをするかしないかには何も求めない」ことが、幸福に生きることを可能にします。

これがどういうことなのかもこれから少しずつ見ていきますが、アウレリウスはこれらの問題についての自分の思索を書き留めていったのです。

哲学にはまったく関心がない人でも、日々の仕事に疲れ果て、今の人生に納得できず、働かなければ生きていけないけれど、はたして働くために生きているのか、働くよりも重要なことがあるのではないかというような疑問が頭をもたげることがあります。

その疑問への答えを見出す前に、ある日過労で倒れるようなことになると、それまで自分が長生きできることを信じて疑わなかった人でも、初めてこのまま死ぬのではないかという不安に襲われます。働き詰めで疲れ切っていた人であれば、このままだと死ぬかもしれないという不安はそれ以前にもあったかもしれません。そのような人にとっては、病気で倒れたことは決して青天の霹靂《へきれき》ではなかったでしょう。

その時、自分の人生を振り返り、生きることの意味や幸福について考える人は言葉の本来の意味での哲学者、つまり「知を愛する人」なのです。

ところが、アウレリウスは次のようにいっています。

もはや善い人とはいかなるものかを論議するのはきっぱりやめ、実際にそのような人間であること（一〇・一六）

議論するのをやめてしまえば、哲学ではなくなってしまいますが、実践の哲学であるストア哲学において大事なことは、議論することではなく、実際に善い人になることだという意味です。

そのためには何を実践すればいいのか。もっとも大切なストア哲学の教えは「自然に一致して生きる」ということです。これがどういう意味か、次章で見てみましょう。

第三章

自然に一致して生きる

本章では、どう生きることが自然に一致して生きることであるとアウレウリスが考えたかを見ます。コスモポリタニズム（世界市民主義）という現代にも実現されていない考えをアウレリウスが説いていることに驚かされます。

二つの道は一つ

自分の自然と共通の自然とに従ってまっすぐな道を進め。これら二つの道は一つのものだ（五・三）

ここでいう自然は、山川草木という普通の意味での自然ではなく、宇宙の秩序を示す法則（理性、ロゴス）という意味です。

「共通の自然」というのは、宇宙の自然という意味です。宇宙のうちにある人間も、宇宙のロゴスの一片、理性を分かち持っているとアウレリウスは考えます。その理性を、ヘーゲモニコン（指導的部分）、ダイモーン（神霊）とも言い換えています。

その理性に従って生きることが「自然に一致して生きる」ということです。何が善か、つまり、先にも見たように、何が自分のためになるのか、どう生きることが幸福であるかを判断するのは理性の働きです。この理性の判断に従うことが、自然に従って生きるということです。

宇宙が何であるかを知らぬ者は、自分がどこにいるか知らない。宇宙が本来何のためにあるかを知らぬ者は、自分が何者であり、宇宙が何であるかも知らない。これらのどれか一つでも欠いている者は、自分が本来何のためにあるのかをいえないだろう

（八・五二）

自分がどこにいるか、自分が何者か、宇宙が何であるかの一つでも知らない者は、自分が本来何のためにあるのかいえないとアウレリウスはいっています。自分が本来何のためにあるのかといえば、後に見るように、協力するためです。それが自然に即して生きることであり、互いに対立することは自然に反することです。

宇宙、自然は、神とも言い換えられます。

神々と共に生きよ。自分の魂が〔神から〕与えられたものに満足し、ゼウスが自分の分身として各人に監督者として与えたかのダイモーン（神霊）の欲することをしていることを不断に神々に示す者は、神々と共に生きている。これは各人の知性であり、理性（ロゴス）である（五・二七）

神は自分の分身である人間に理性を授け、その理性が私たちを監督します。こう書くと、人間は理性的な存在であり、何ら過ちを犯さないようですが、実際には、私たちはこの理性に従わず判断を誤るので、常に自分がしていることや求めているものが、はたして本当に善なのかどうかを吟味していかなければなりません。

宇宙、自然とその中に生きる人間はマクロコスモス（大宇宙）とミクロコスモス（小宇宙）として同心円の関係にあります。ミクロコスモスである人間は、人種や言語、文化の違いを超え、この理性を分有する仲間であり、相互に調和関係にあるとストア哲学では考えます。

コスモポリタンとして生きる

ここから、人間はポリス（都市国家）の市民ではなく、コスモポリテース（世界市民）であるというコスモポリタニズム（世界市民主義）という考え方が出てきます。

宇宙はいわば国家だ（四・四）

自分はどこの国の人間だというつもりか、とたずねられた時、ソクラテスは《世界人》だといったという話をキケロが伝えています（*Tusculanae Disputationes*）。

ソクラテスはアテナイというポリス（都市国家）の一員なので、ソクラテスが自分は愛国者であるという時の国家はアテナイです。それ故、ソクラテスがこんなことを本当にいったとは思えません。だから、実際にこのような問答があり、ソクラテスがコスモポリタン（世界人）と答えたとしたら、ソクラテスにとっては国家を超えた正義こそが重要だったので、自分をポリスという狭い枠組みに閉じ込めたくはなかったのでしょう。

アウレリウスにとっては宇宙が一つの国家であり、彼はその宇宙の一員、コスモポリテースです。コスモポリテースは、コスモス（宇宙）とポリテース（市民）を合成した言葉です。

私の自然は理性的なものであり国家社会的である。アントニヌスとしての私には国家と祖国はローマであり、人間としての私には宇宙がそれに当たる（六・四四）

アウレリウスは、皇帝に就任した時に、先帝からアントニヌスという名を受け継ぎました。「アントニヌス」としての私というのは、ローマ皇帝としての私という意味です。

アウレリウスは、先に見たように、宮廷における皇帝として、また哲学者として二重生活を送っていました。さらに、ローマと世界という対立の中で生きていましたが、そのことを意識していたが故に、どちらを取るべきかという葛藤の中に生きていたといえますが、それは皇帝という立場にあっての葛藤であって、一人の人間としては迷いようがなかったともいえます。

アウレリウスは、皇帝としてはローマという国家に所属しているが、一人の人間としてはより大きな共同体である宇宙に所属していると考え、ローマ帝国と宇宙を混同することはなかったでしょう。

現代を生きる私たちが、はたして、理性によって正しい判断ができているか、また、互いを人種、国家、言語の違いを超え、ロゴス（理性）を共有する仲間と見ているかどうかが問題です。

自分を見つめ他者と共生する

かくて、自然に一致して生きるとは、一つは宇宙のロゴスの一片である理性に従うことであり、もう一つは理性を分有する仲間と調和して生きることです。

アウレリウスは自然に一致して生きることが「義務」であると考えます。理性によって判断し、他者との関係を築き維持することが、人間の義務なのです。

アウレリウスは自分の内面に目を向けることを強調する一方で、対人関係についても考察しています。対人関係は先にもいいましたが厄介で、時にそれによって傷つきひどく疲弊することがあります。しかし、いっそ誰とも関わらないで、隠遁して生きていきたいと思ってみても、実際には叶わぬことです。

他者とどう関わっていくかを考える時に、アウレリウスは他者について愚痴をいい、非難するのではなく、自分がどういう心持ちで他者と関わるかを考えることに重点を置いているように見えます。

第四章

他者と共生する

この人生には対人関係の他にも、自分が望んでもいないのに人生に大きな影響を及ぼさないわけにいかないない出来事が起こることがあります。また、人間である以上、誰も死を免れることはできません。それに先立って、若い人でも病気になり、歳を重ねれば誰も老化を免れません。そのため、自分が本来やりたいと望んでいたことを断念しなければならないことも起こりえます。

本章では、最初に、対人関係について、次に、自分の外に起こる出来事にどう対処すればいいかを考えてみます。

行く手を遮る他者

周りにいる人が理想的に従順であったり、皆が自分に好意を持っていて、何をしてもいっても受け入れてくれるような人ばかりであれば、どれほど毎日心穏やかに生きられるだろうと思いますが、実際には、他者は自分の行く手を阻《はば》み、そのような人のことが四六時中頭から離れず、そのために煩《わずら》わしい日々を送ることになってしまいます。

アウレリウスも宮廷でそのような人に取り囲まれていました。

彼らは互いに軽蔑し合いながら互いにへつらい合う。そして、相手に優越しようと欲しながら、互いに譲り合う（一一・一四）

人より優れようとする人は手段を選びません。皇帝をもその手段と考えている人は多かったのでしょう。

早朝に自分に向かっていえ。私は今日もお節介で恩知らずの傲慢《ごうまん》で欺瞞的な嫉《ねた》み深い非社交的な人間に出会うだろう（二・一）

アウレリウスには人には語れない不満は多々あったでしょう。だからこそ、自分の思いをノートに、しかも他の誰にも読めないギリシア語で書きつけていたのでしょうが、それだけであれば、すぐ後で引きますが「お前も自分自身の不満を聞くことがないようにせよ」という決心に反しているように見えます。

『自省録』がもしもこのような言葉ばかり書いてあれば、対人関係で心を痛めている人は共感できるかもしれませんが、本当にその通りだと思うところで終わってしまいます。

今日もいやな人に会うだろうと思って一日を始めると、間違いなく、予想していたことが起こるのではないかと思います。ふいにいやな人に会うことになるよりも予想しておいた方が、まったく予期しないままに、実際そのような人に会った時の打撃が少ないということでしょうが。

いやな人に会うことを予想しておいた上で、実際にそのような人に会わなかったらありがたいですが、このようなことを毎朝アウレリウスが考えていたとすれば、よほど周りには敵が多かったのでしょう。

アウレリウスは、人間を強く嫌悪していたという人もいますが、他者に背を向けていたわけではありません。実際、皇帝が他者と関わらずに生きることはできませんが、いやな人がいても自分にはするべきことがある、個人的な嫌悪を脇に置いて仕事をしなければならないとアウレリウスは考えていたのでしょう。

アウレリウスは「非社交的な人間」について、自分と「同類」と見ていました。これについては後に見ますが、私はあの人たちと違うと思ってしまうと、問題はいつまでも解決できません。

自分ができること

誰もこれ以上お前の宮廷での生活についての不満を聞くことがないようにせよ。お前も自分自身の不満を聞くことがないようにせよ（八・九）

皇帝が宮廷での不満を誰かに話すことは考えにくいのですが、気を許せる側近がいたのかもしれません。しかし、そんなことはもうやめよ、それどころかアウレリウスは、内心密かに不満を呟《つぶや》くのもやめよといっています。

職場や家庭での対人関係をめぐる不満をカウンセリングで話す人は多いですが、不満をどれだけ話してみても、問題は少しも解決しません。話を聞いてもらってスッキリしたと来談者がいうようなカウンセリングは、自分は正しい、周りの人は誤っているという確信を強化するだけです。

問題があることは明らかであっても、そのような他者と自分がどう関わるのか、そのような人と関わる時に自分は何ができるかを考えなければなりません。

皇帝化させられてしまわないように、染められないように注意せよ。それは現に起こることだから（六・三〇）

皇帝の衣の色である紫に染められないように注意するということです。皇帝になっても、哲学者（愛知者）であることをやめるなとアウレリウスは自分に言い聞かせなければなりませんでした。

「それは現に起こることだから」というのは、アウレリウスに起こるというだけでなく、権力を手にすると誰でも人が変わりうるということもあるでしょうし、皇帝になったからと近づいてくる人に影響されてアウレリウス自身が、皇帝色に染められるということもあるでしょう。

皇帝でなくても、昇進すると、自分がエラくなったと勘違いする人はいます。しかし、役職と自分の価値は関係ありません。皇帝は最高位であっても、役職名でしかありません。皇帝ぶるようになることもあれば、皇帝に取り入って利用しようとする周りの人によって皇帝化されることもあるでしょう。

そんな人が周りに多くいることをアウレリウスは知っていたのでしょう。そのような人の追従《ついしょう》に溺れてはいけない、自分と地位を同一視するようなことがあってはならないとアウレリウスは自分を諫《いさ》めているのです。

昇進した上司でなくても、成功した人が周りにいれば、その人に近づいていく人はいます。前は歯牙にもかけなかったのに急に態度を変え近づいてくるような人は、尊敬しているのではなく、ただ利用しようとしているだけです。態度を変えるような人は、利用価値がないと見るや否《いな》や、たちまち離れていってしまいます。

されば、お前は自分自身を単純、善良、汚れなき、威厳があり、虚飾のない、正義の友で敬虔《けいけん》で、親切で、愛情深く、義務に対して熱心な者であるようにせよ。変わらず、哲学がお前を形作ろうと欲したような人であるように励め。神々を敬え。人々を救え。人生は短い。地上での生の唯一の収穫は、敬虔な態度と共同体のための実践である（六・三〇）

アウレリウスが、どのような人でありたいと思っていたかがわかります。人生は短くても、その人生において他者に親切にし、自分もその一員である社会（共同体）のために行為しなければならないのです。

先に「もうお前は死んでしまうだろう。それなのに、心には表裏があり、平静でいることもできていない」という言葉を引きましたが、「心に表裏がない」と訳した形容詞(haplous)をここでは「単純」と訳しました。こんな自分になりたいと思っても実際にそうなることとは簡単なことではないので、まだ心に表裏があるではないかとアウレリウスは自分に語りかけているわけです。

自分も同類と見る

アウレリウスは、ローマ帝国を侵食して覇権を狙う周辺民族との対立や、腐敗した宮廷の人間模様や家臣の裏切りに悩まされ続けていました。中でも、アウレリウスにとって信頼する家臣であったアウディウス・カッシウスの反乱は衝撃的でした。

カッシウスはアウレリウスが急死したという誤報に接し、後継者に名乗りを上げて挙兵しました。結局、蜂起直後に部下に惨殺され、反乱はすぐに終息したのですが、謀反の知らせを聞いたアウレリウスは、カッシウスを許すつもりでいたのです。

カッシウスの首がアウレリウスの元に送られてきた時は喜ぶことも誇ることもせず、慈悲をかける機会を奪われたことを悲しみました。自らの心でもって責め、命を助けるために、生きたまま捕えたいと思っていたからです。

命を奪われるようなことでなくても、誰かにひどく傷つけられるというようなことを経験することがあります。そのようなことが起きた時に、自分を傷つけるような人にどう対処すればいいかを考えておかなければなりません。

アウレリウスが、裏切り者や過ちを犯した者に対しても常に寛容であろうと努めていたことは、次の言葉を読むとわかります。

過ちを犯す者をも愛することは、人間に固有のことだ。それは次のことをお前が思えた時にできるようになる。すなわち、彼らがお前と同類であり、無知のため心ならずも過ちを犯すということ、彼らもお前も束《つか》の間《ま》のうちに死んでしまうであろうこと、とりわけ、お前に害を加えはしなかった。なぜなら、お前の指導的部分（理性）を以前より悪くはしなかったから、ということを（七・二二）

キリスト教の隣人愛に似た考えをここで読むことができます。過ちを犯すのは故意ではない、無知のためである、そのような者をも愛せといっているのです。『自省録』には、キリスト教に関する記述が一箇所だけあります。彼らは「むき出しの反抗精神」（一一・三）の持ち主だとアウレリウスはいっています。キリスト教徒の殉教や偶像破壊をアウレリウスは受け入れることができなかったのでしょう。

どうすれば過ちを犯した人を愛せるか。同類であること、無知のために心ならずも過ちを犯すこと、彼らも自分もすぐに死ぬということ、害を与えなかったという理由をあげています。

このうち、同類であること、無知のために過ちを犯すということの意味についてはすぐ後で見ますが、「彼らもお前も束の間のうちに死んでしまうであろう」から、過ちを犯す者をも愛せというのは、死のことを考えたらあらゆることに価値があると思えなくなり、誰かに害されるということも大きな問題ではなくなるということです。

無知による過ち

過ちを犯した人は無知のために心ならずもそうしたのであり、自分も同じだとアウレリウスはいうのです。無知とは何を知らないというのでしょうか。

先にアウレリウスが早朝に、こんなことをノートに書きつけているのを見ました。

早朝に自分に向かっていえ。私は今日もお節介で恩知らずの傲慢で欺瞞的な嫉み深い非社交的な人間に出会うだろう（二・一）

続けて、こう書いています。

このようなことがすべて彼らに生じたのは、善と悪について無知だからだ。しかし、私は善の本性は美であり、悪の本性は醜《みにく》いと見て、過ちを犯す人自身の本性も私と同類――ただし、血と子種が同じというのではなく、知性と一片の神性を分有するという意味で同類であることを見て取っているが故に、私が彼らの誰からも害を受けることはありえない。誰も私を醜悪なもので包み込むことはできないからだ（二・一）

「善と悪」について無知なのです。この「善」と「悪」には、先にもいったように、道徳的な意味はありません。善は「ためになる」、反対に、悪は「自分のためにならない」という意味です。

何が自分のためになるか、ならないかを知らないので誤るというわけです。無知なのだから、故意ではなく、心ならずも過ちを犯すのです。他の箇所から引くと、アウレリウスは次のようにいっています。

「すべての人が心ならずも真理を欠いている」といわれる。正義、節制、親切、そのようなすべてのことを欠いているのも同じである（七・六三）

「真理を欠いている」というのは、何が善であり悪であるかという判断を誤るということです。

「誰一人として悪を欲する人はいない」（プラトン『メノン』）という「ソクラテスのパラドクス（逆説）」といわれる命題があります。

悪を欲しているように見える人がいても、そのような人が自分のためにならないことを欲しているはずはないことになります。自分のためになる（つまり善）と思っていたことが、実際には悪、つまり自分のためにならないものだったことがわかるということはあります。そのように考えると、「誰一人として悪を欲する人はいない」というのは、誰も自分のためにならないことを欲しないという意味であり、そうするとこれはパラドクスというより当たり前のことをいっているといえます。

害を受けることはないとアウレリウスはいっていますが、誰かが自分に害を与えようとしても、それも決して故意ではないというのです。

過ちを犯した人を見て、自分はそんなことはしないと思うかもしれませんが、自分は絶対そんなことはないと断言できません。自分も同類だからです。

同類というのは、「知性と一片の神性を分有するという意味である」とアウレリウスはいっています。しかし、知性と神性を分有しているので同類ではあっても、過ちを犯さないのではありません。同じ立場に置かれたら、自分は決して過ちを犯した人と同じことをしないと断言できる人はいません。

これを知っていれば、過ちを犯した人がいても断罪することはできなくなります。だから、過ちを犯した人をも愛せるとアウレリウスは考えるのですが。

誰かがお前に何か過ちを犯した時には、何を善、あるいは悪と考えて過ちを犯したのかを直《ただ》ちに考えよ。なぜなら、それを見れば、お前は彼を憐《あわ》れみ、驚くことも怒ることもないだろうからだ（七・二六）

自分もまた判断を誤りうるということを自覚していれば、自分を棚に上げて怒ったり責めることはできません。

続けて、アウレリウスは次のようにいっています。

このことをいつも覚えていることが必要だ。なぜなら、その時、お前はすべての人に優しくあるだろうから（七・六三）

過ちを犯す人は故意にそうしているのではなく、意図的でもありません。それがわかれば優しくなれるとアウレリウスはいうのです。哲学者というのは「愛知者」、知を愛する人であって、「知者」ではありません。

誰もが知者、今の話でいえば、善悪を完全に知っているわけではないので、その意味では誤りを犯す人もそうでない人も対等のはずです。しかし、一連の記述を読むと、過ちを犯す者を愛することは人間に固有のことだと思えるのはかなり難しいことだ、それでも同類なのだからと思わなければならないとアウレリウスは自分に言い聞かせているようにも見えます。

「過ちを犯す者をも愛することは、人間に固有のことだ」の中の「過ちを犯す」というのは、ギリシア語では「つまずく」という意味です。他の箇所では、「ハマルタノー」という言葉を使っています。

先に、キリスト教の隣人愛に似た考えを読めると書きましたが、ギリシア語では罪は「ハマルティア」といい、その意味は「的《まと》を外す」（ハマルタノー）ことです。人間がすべきことをするのが「的に当てる」ことであれば、弓矢が的を外すことが「罪」です（北森《きたもり》嘉蔵《かぞう》『聖書の読み方』）。

同じ考えは新約聖書では次のパウロの言葉に表現されていると北森は指摘しています。

「わたしは自分のしていることが、わからない。なぜなら、わたしは自分の欲する事は行わず、かえって自分の憎む事をしているからである」（『ローマ人への手紙』）

『詩篇《しへん》』には、人間が「狂った弓」に喩えられている箇所があります。北森は、『詩篇』

とパウロの言葉を引き、キリスト教では、人間はどんなに努力をしても矢は的を外す、つまり人は罪を犯すと見ているが、他方、道徳は人間を「狂いのない弓」であると考えているといっています。

誤りを犯すのは善悪の無知によると考えるプラトンや、その考えを継承しているアウレリウスにとっても、人間は「狂いのない弓」です。弓に狂いがないのであれば、練習を積めば的を射ることができるようになりますが、的を射られないのは練習が足りないからにすぎないわけです。

私は、過ちを犯し、善行を実践できないのは、弓に狂いがあるので練習しても決して的を射ることができないからとは考えません。かといって、弓そのものに狂いはないので練習さえ積めば的を射ることができるというのでもないと考えています。

練習が足りないから的を射られないというより、何が善であるかについての知が欠如しているから的を射られないのです。善悪の無知というのは、的そのものを見失っている、あるいは的が見えていないということです。

そうであれば、いくら練習を積んでも意味はありません。プラトンに引きつけていえば、的がどこにあるかを知ることが、何が「善」(ためになる)かを知ることです。善を知っているのに善を実践できないのでも、知っているけれど、練習が足りないので実践できないのでもありません。パウロがいうように、自分が欲していることをできないことはないのです。何が善であるかを知っていれば、実践できるはずであり、実践できないとすれば、何が善であるかを知らないからです。

人間は罪を犯さざるをえない存在だというのがキリスト教の考え方です。これが「原罪」の考えです。罪を犯さざるをえないのであれば、人間は決して救われないことになってしまいます。人間はただ一人罪を犯さなかった、つまり、原罪から免れたイエス・キリストによってのみ救われると考えれば、罪人としての人間は互いに愛することはできるでしょう。

しかし、誤りを善悪の無知と見なすと、善悪を知ろうとしている人はそうでない人に対してある種の優越感が起きるかもしれません。このようなことを考えながら、『自省録』を読み進めると、次の一節が目に留まりました。

協力するために生まれた

お前は何が気に入らないのか。人々の邪悪か。理性的動物は互いのために生まれたということ。我慢することは、正義の一部であること。人は心ならずも過ちを犯すということ。また、これまでどれほど多くの人が激しい敵意を抱いて疑い、憎しみ、槍を交えて戦ったあげく、（死んで身体を）引き伸ばされて火葬されたか――この結論を心に留め、不満を持つのをやめよ（四・三）

過ちを犯す人と自分が同類であることを知って、そのような人をも愛せというだけではありません。さらに、アウレリウスは、敵意を持ち、疑い、憎しみ、その上戦うことは人間の本来的なあり方ではなく、「理性的動物は互いのために生まれた」といいます。

何か腹が立つようなことをいわれたりされたりしても我慢し、「心ならずも」そうしただけだと思い、何が善であり悪であるかを知らない人には、教える。そうすることが、「互いのために生まれた」ということであり、人は対立するのではなく、協力することが本来のあり方だとアウレリウスはいうのです。

幼い子どもに本気で腹を立てても甲斐はありません。本気で腹を立てる人はたしかにいますが、知らないことを叱ってみたところで甲斐はありません。粘り強く教えるしかありません。これが大人が子どもに協力するということですが、同じことはどんな対人関係についてもいえます。

私は同類の者に腹を立てることも、憎むこともできない。なぜなら、我々は足や手や瞼《まぶた》や上下の歯並びのように協力するために生まれてきたからだ。だから、互いに対立することは自然に反する。憤り、背をそむけることは対立することである（二・一）

ここには、さらにはっきりと、我々は協力するために生まれてきたとアウレリウスは書いています。

知性を共有しているという意味で、自分は他者と同類です。その自分と同類である他者に腹を立てることも憎むこともできない理由として、アウレリウスは身体の構造をあげています。憎んだり怒ったりして他者と対立することは自然に反するのです。

私は、アウレリウスが戦いに明け暮れ、人間同士が殺し合う現実や人間の醜いところを目の当たりにしていたはずなのに、協力するために生まれてきたと考えたことには大きな意味があると思います。

後世の話になりますが、私はアドラーが第一次世界大戦の最中に、やはり人が殺し合う現実を目の当たりにしながら、共同体感覚――人と人とは対立しているのではなく、結びついているという考え――の思想に到達したことを想起します。

現実を追認するだけであれば、哲学とはいえません。実現がどれほど困難であっても、こうあるべきであるという理想を掲げた上で、なぜ現状ではその理想が実現されないかを考察し、どうすれば理想を実現できるか、少なくとも理想に近づけるかを考えなければなりません。

人が殺し合っているのが現実であっても、それを指摘するだけでは現実を変えることはできません。フロイトは、人には攻撃本能があるといい、ホッブスは「万人の万人に対する闘争」が自然状態だといっていますが、これらはアウレリウスやストア哲学の影響を受けているアドラーの世界観の対極にあるものです。人と人が対立するのは本来の人間のあり方ではない、自然に反するのであり、本来、協力して生きられると考えることが現実を変える力になります。

現状の話に戻るならば、国家間のことについていえば、自国さえよければいいという考えは協力からは程遠いといわなければなりません。感染症の拡大は一国だけでは防ぎようがありません。

国民の分断を図ることで政府への批判を回避しようとしたり、他方、分断とは反対に見えますが、他国からの脅威を喧伝し国家の統一を図ろうとすることもあります。戦争においては、他国民への怒りや憎しみを作り出します。このような昨今の国際状況を見ると、アウレリウスの協力の思想は実現されておらず、今も新しいものに見えます。

個人のレベルでいえば、自分さえよければいいという利己主義も協力とはかけ離れています。自宅の地下に設置した核シェルターに逃げ込んで助かったとしても、地球が人の住めないところになってしまったら意味がありません。

この人生は競争だと考えている人は多いでしょう。たしかに、競争はどこにでも見られます。しかし、だからといって、競争が人の本来的なあり方ではありません。

皆が同じことをするのが協力することであるとは限りません。歩く時には右足と左足は同時には前に出ません。足を交互に出さなければ歩けません。交互に出すことで初めて身体は前に運ばれます。そのような協力もあるのです。

我々は皆一つの目的の達成のために協力している。自覚し意識して協力している者も、気づくことなく協力している者もいる。ちょうど、思うに、ヘラクレイトスが「眠っている者も宇宙の中で起きていることの作り手であり、協力者である」といっているように。それぞれの人はそれぞれの仕方で協力している。起きていることを批判する者も、抵抗して破壊しようとする者も協力している。なぜなら、宇宙はそのような者も必要としたからである（六・四二）

目的というのは、この世界が良好な状態に保たれることです。その目的のため協力して生きることが人間の本来のあり方だと思えない人は、人が協力していることに気づいていないのかもしれません。

意識しなければ他者に協力できない人はいます。とりわけ、他者が自分のためにあれこれ力になってくれることを当然だと思っている人は、どうすれば協力できるのかわからないかもしれません。

他方、協力していることを意識している人は、自分が他者に協力していることを吹聴します。後で取り上げますが、賞賛されることを求める人もいます。そのような人の協力は不自然で偽善的に見えます。

自分では意識しないで協力している人もいます。アドラーが子どもが母親の母乳を飲むことについて、次のようにいっています。

「母乳を飲むことはフロイトが考えるようなサディスティックな行為ではなく、母親と子どもとの間の協力行為である」（*Adler Speaks*）

アウレリウスがいう、我々は協力するために生まれてきたということの原初的な形は、子どもが母乳を飲むことに見ることができます。

いつも不機嫌な人がいます。そのような人は周りの人に気を遣《つか》わせます。そのような人は、特別でないと誰からも注目してもらえないと思うのです。反対に、機嫌のいい人、笑顔が絶えない人はいるだけで周りの人を和《なご》ませ、そうすることで皆が心地よく過ごすことに協力しているのですが、本人はそのことを意識していないでしょう。

介護されていることで自分が家族に迷惑をかけてばかりいると考える人は多いです。迷惑をかけないように、延命治療を受けないという意思を早くから家族に伝える人がいます。

しかし、介護する家族の側からいえば、介護される人は皆が協力することで家族の結束を強くし、皆が仲良く生きられるように協力しているといえます。

なぜ協力することが必要か

枝は隣の枝から切り離されたら、木全体からも切り離されないわけにはいかない。まさにそのように、人間も一人の人間から引き離されたら、共同体（コイノーニア）全体から離脱することになる。ところで、枝は（枝とは）別の者が切り離すが、人間は隣人を憎み背を向けることで、自分で自分を隣人から分離する。しかし、同時に共同体からも自分を切り離してしまうことになるのを知らない（一一・八）

ここでアウレリウスは、キリスト教の隣人愛を反対の面から説明しているといえます。「コイノーニア」を共同体と訳しましたが、「人と人とのつながり」という意味です。

アウレリウスは、たった一人の目の前にいる人に憎しみを持つだけでも、人とのつながりから自分を切り離すことになるといっています。学校や職場で誰かをいじめる人は、そうすることで自分がいじめる人をグループから切り離しているように見えますが、実は、自分を切り離しているのです。

しかし、そのような人でも、人とのつながりから離れて生きることはできません。他者を人のつながりから切り離そうとして実は自分を人とのつながりから切り離すというような過ちを犯す人も、先に見たように、一片の神性を共有し、同じ過ちを犯しうるという意味で同類です（二・一）。人は「知性の共同体（コイノーニア）」（一二・二六）を形成しているのです。

人に憎しみを持ったり、いじめたりすることを例にしてこのアウレリウスの言葉の意味を考えてみましたが、何か過ちを犯すというようなことではなく、自分とは違う考えをしている人を見た時に、自分は正しい、あの人は間違っていると考えるのも、自分を共同体から切り離すことです。同じ立場に置かれても、人を憎んだり、その人に怒りを感じたりすることはないと確信できる人であっても、自分の正しさに固執し、このような考えに至ったのにはわけがあるはずだと相手をまず理解しようともしないで、断罪しようとする人は多いように思います。

先の隣人について、アウレリウスはさらに次のようにいっています。

我々は再びあの隣人に接木《つぎき》をして、再び全体を構成する部分とすることができる

（一一・一八）

犯罪者を断罪することがあります。その際、自分は決してそんなことはしないと思います。もちろん、犯罪は許されませんが、犯罪者を断罪することは断罪した人をも共同体から切り離すことになります。

その罪を犯した人の方はどうなるか。罪を犯すことで自分を共同体から切り離すことになっても、そのような人も接木すれば再び更生できるのです。

そのためには、アウレリウスがいうように、過ちを犯した人を愛さなければなりません。もとより、被害者やその家族にとっては容易なことではないでしょうが、誰もが犯人に厳罰を科することを望むわけではないことを知っていなければなりません。

京都であった放火殺人事件の容疑者が、自分も全身に大やけどを負い、生死の境を彷徨《さまよ》っていたものの、医療者の懸命の治療が功を奏し、自力歩行はできないまでも会話ができるまでに回復したという新聞記事を読んだことがあります。

その容疑者が治療スタッフに「人からこんなに優しくしてもらったことは今までなかった」と感謝の言葉を伝えたとも、その記事には書いてありました。

私はこの記事を読んで、もしも彼が犯行に及ぶ前の人生で、人から優しくしてもらう経験をしたことがあれば、彼の人生はずいぶんと違ったものになり、凶行に及ぶこともなかったのではないかと思いました。

刑罰は何のためにあるのかといえば、まず、それは犯罪の応報であり、犯罪という悪に対しては、それに相応する刑罰を科さなければならない、刑罰は応報刑であるという考えがあります。この意味での刑罰は自己完結的であり、犯罪の予防や抑止にはなりません。

次に、刑罰は犯罪の予防、抑止のためのものであるという考えがあります。ある犯罪に対してこれほどの厳罰が科せられることを知れば、犯罪は割に合わないと考え、犯罪を思い留まれば、刑罰には抑止効果があることになります。

しかし、凶行に及ぶまさにその瞬間に、例えば人を殺したら死刑になるかもしれないと考えて殺人を思い留まるというようなことは、現実的には考えにくいのです。人は感情的になった時、とりわけ、人を殺そうと思うほど感情が激する時、人を殺せば死刑になるかもしれないと一瞬でも考えられるとは思えません。

人を殺そうと計画している人であれば、こんなことをすれば死刑になるかもしれないと考えるでしょうが、それでも犯行に及ぶのは、たとえ死刑になっても人を殺すことが自分にとって「善」（ためになる）であり、死刑になっても正義、つまり悪を懲らしめることが重要だと考えるのです。

他方、死刑のような極刑だけでなく、軽い罰であっても罰を受けることを不当だと考える人がいます。罰せられることを自分への挑戦としか見ない犯罪者がいます。そのような人は、自分の行為こそ正義なのに、罰せられるのは不当だと考えます。

また、どうすれば見つからずにすむかということしか考えない人もいます。そのような人は、罰しても次は見つかることがないよう首尾よく犯罪をやり遂げようと決心するだけです。

罰せられた人はそう決心するだけでなく、罰した人、叱った人に復讐しようとすることもあります。自分を罰した社会を敵だと思うようになるからです。

第三に、刑罰は応報のためでも抑止のためでもなく、罪を犯した人が更生するために科せられるのでなければならないという考えがあります。

反乱を起こしたカッシウスをアウレリウスは許すつもりでいたことを先に見ましたが、

ただ刑罰を科するだけでは、同じことが人を変えて起こりうることをアウレリウスは知っていたのでしょう。

プラトンは「教育刑」という言い方をしていますが、更生し再び社会に戻るために、罰が科せられるのでなければなりません。しかし、更生のためというのであれば、そもそも刑罰は必要ではないと私は考えています。こんな話を思い出しました（*Alfred Adler: As We Remember Him*）。

ある時、アドラーのところにやってきた男性が、窃盗《せっとう》の罪で服役していた時に、刑務所の図書館でアドラーの本を読み、釈放されたらアドラーを訪ねようと決心したと話しました。彼は庭師としてアドラーに雇われ、苗木を買いに苗木屋に行った時、アドラーが渡したお金で買えるよりもずっと多くの苗を持ち帰ったことがありました。

アドラーはこの男性が、そのようにして、自分を試したと考えました。そこで、庭師と話し合い、余分に持ち帰った苗を返しに行かせました。アドラーがもしもこの男性を詰問しきつく叱っていたら、改心するどころか、逆恨みをしたかもしれません。

この男性は後に立派な庭師になりました。アドラーのこのような態度は、庭師に影響を与えないわけにはいかなかったでしょう。犯罪者の更生に必要なことは罰ではなく、共同体感覚の育成だとアドラーは考えます。自分は決して孤独ではなく、他者と結びついており、その他者は必要があれば自分を援助しようとしている「仲間」（Mitmenschen）であるということを知れば、それまで問題ばかり起こしていた人であっても生き方が変わります。

アウレリウスは人が協力するために生まれてきたといいますが、他の人が敵であると思っている限り、協力しようとは思えません。アウレリウスの言い方を使うならば、一度は他者とのつながりから離れようとした人が、再び「接木」される必要があります。それは刑罰を科することでは成し遂げることはできないのです。

第五章

自分を見つめる

アウレリウスは他者との関わりを考える時も、他者に非があるのでこんなに苦しい思いをするのだと、不快になったり、怒ったり、憎んだりすることはありません。実際には、感情に動かされないでいるのは難しいことを率直に認める一方で、他者の行動によって感情的になるのが当然だとは考えません。何があっても、まず自分の心を見つめ、内省するよう自分に語りかけます。本章では自分を見つめるとはどういうことなのか考えてみます。

自分の心を見る

お前が周囲のものによってやむなく心が乱された時、直ちに自分自身の中へ帰り、必要以上に、リズムから外れるな（六・一一）

アウレリウスが自分自身の中へ帰って書いたのが『自省録』です。ノートに書きつける時だけでなくて、何か心が乱されることがあった時には、いつも自分の心の内を見つめよというのです。

「リズム」というのは、自分の生き方の本来のリズムです。他者から直接働きかけられて心が乱されることもあれば、頼みもしないのに、人があなたの悪口をいっていたと知らせてくるというようなことがあって、心が騒ぐことがあります。しかし、そんなことがあっても、内にある泉は水を絶やすことはありません。

透明で甘美なほとりに立って、誰かがそれを汚す言葉を吐いても、泉は清い水を湧き上がらせるのをやめない（八・五一）

外で何があっても、内面はそれによって害されることはありません。

お前の内を掘れ。掘り続ければ、そこには常に迸《ほとばし》り出ることができる善の泉がある（七・五九）

幸福であることを願わない人はいません。幸福を求めないとか不幸を求めるという選択肢はないということです。それにもかかわらず、幸福であることができないのはなぜか。

何が自分にとって善なのか、幸福とは何かを知らないからです。それを知るためには、理性を正しく働かせなければなりません。そのために、自分の内を掘り、「善の泉」を掘り当てなければなりません。

自分が不幸であると思っている人は、その原因を外に求めてしまいます。他者との関係についていえば、他者が自分を害するので、そのため不幸になると考えてしまいます。

しかし、泉はそんなことがあっても、水が干上がるというようなことはありません。今の時代、経済的な問題が原因で不遇な人生を送っている人が多いのは本当です。それはたしかに政治の問題であり、今の世には多々理不尽なことがあります。そのような理不尽な現実に目を瞑《つむ》って耐えることがいいわけはありません。

それでも、不幸の原因を外に求めているかもしれないということはいつも考えなければいけません。原因を外に求めるという時の「外」というのは、自分でない誰かや何かのことです。

そういう原因は簡単に探せます。もっともそれは真の原因ではありません。教師は生徒に問題があれば家庭の親に原因を求めます。親は子どもに問題があった時、教師に求めます。正確には、求めたいということです。教師は授業を聞こうとしないのは、家庭での躾《しつけ》に問題があると考えるかもしれませんが（ただ、教師の授業がつまらないからだけなのですが）、親は子どもが夜遅くまで起きているからといって、それを教師のせいにできないことは知っています。祖父母が甘やかすからだといいたい親はいるかもしれません。

対人関係がうまくいかないことに自分が不幸であることの原因を求める人もいます。その際、自分ではなく他者に問題があると考えます。しかし、たとえそうだとしても他者を変えることはできません。自分が変わるしかないのです。

自分の内に目を向けるということの一つの意味は、何が善かを知的に探求するということですが、もう一つの意味は今見たように、自分以外のことに問題の原因を求めないということです。後で詳しく見ますが、対人関係も外に起こる出来事も自分を害することはありません。相手に問題があることはたしかにありますが、まずは自分にできることがないかを考えてみなければなりません。

対人関係については、心を乱されるようなことがあっても、目を外に向けなければ、それだけで自分のリズムを取り戻すことができます。

人は田舎や海辺、または山に自分が引きこもる場所を求める。お前もそういう場所を

求めてきた。しかし、望む時に自分の中に引きこもれるのだから、こうしたことはこの上なく愚かなことだ。というのは、自分自身の魂の中よりも静謐《せいひつ》で煩わしいものが少ない場所はないからだ。とりわけ、自分の内部をじっと覗き込むことで直ちに寛《くつろ》げるようなものを持っている人はそうである。私がいう寛ぎというのは、よき秩序のことだ。それ故、絶えず、自分自身にこの引きこもりの場を与えよ。そして、お前を新しくせよ（四・三）

人との関わりに疲れ、時に傷つくことがあった時、どこに出かけなくても、自分自身の中に引きこもり、そこで憩《いこ》えば、心の平静を得ることができます。

もう一点考えておかなければならないことは、アウレリウスがここで他者から離れて生きることを奨励しているわけではないということです。実際、アウレリウスは哲学者として生きたいと思っていましたが、皇帝として生きなければなりませんでした。皇帝として生きたくないと思っても、自分の義務を果たさないわけにはいかないとアウレリウスは考えたのです。

皇帝でなくても、誰も人から離れ隠者として生きることはできません。仕事をしなければばなりませんし、家庭では、家事や子育てをしないわけにはいきません。いつも誰かとの関係の中で生きるしかないのです。

しかし、日々仕事に明け暮れているばかりでは、自分を見失うことになります。どれほど過酷な状況でつらい仕事をしていても、支えとなるものが必要です。それを外ではなく、自分の心の内に求めれば、心の平静を取り戻すことができます。

もっとも、これは我慢すればいいとか、心の持ちようで何とかなるというような意味ではありません。外に不満の原因を探すのではなく、自分の内に憩えと雇用者が従業員にいうことはできません。雇われる人は過酷な状況で強いられるつらい仕事は、改善を要求できます。雇用者は労働環境を是正する努力をしなければなりません。

また、現状に満足しなければならないというようなことを政治家がいうとしたら問題です。世の中には、数多くの不正や理不尽なことが起こります。その中にあっても、生きていかなければならないので、公憤としての怒りを持ち、時には、このことが当然のこととして前提になっているという条件において、目を自分の心の中に向けて、平静を得る努力も必要になってきます。

このことを常に考えておいた上で、自分ができることはないかを考えなければなりません。これも「内を掘る」ということの意味です。外から影響を受けないために、内にこもると心の平静を得られるどころか、心が穏やかではいられなくなるかもしれません。

他人の心に何が起こっているかに注意を向けないからといって、不幸である人は容易に見つからない。他方、自分の心の動きに絶えず注意を向けない人が不幸であることは必然である（二・八）

他人の心にまったく注意を向けないことはできません。人がどう思おうが自分には関係がない、自分がしたいことをすればいい、何かをいったりしたりして嫌われてもかまわないと思っているような人は困ります。

アウレリウスがいっているのとは反対に、他人の心に何が起こっているかに注意を向けなければ、人が離れていき、そのため不幸になります。

他の人の心に注意を向けない人が多いとは思いません。むしろ、大抵の人は他の人が自分のことをどう思っているかが気になりますし、自分の言動が他の人にどう受け止められるかを意識していますす、故意に人を傷つけていいと思っている人はいないでしょう。

そう心がけていても、人を傷つけることがありえますが、あまりに他人の心に何が起こっているかに注意を向けすぎると、いいたいこと、いわなければならないこともいえなくなります。

とはいえ、他の人がどう感じているか、自分の言動をどう受け止めたかはわからないのも本当です。他の人がどう感じているかは、同じような場面で、自分であればどう感じるかと考えて類推するしかありませんが、自分と他の人は同じではないので、同じことを経験したからといって、他の人が自分と同じように感じるとは限りません。むしろ、そうでない方が多いといっていいくらいです。

自分の心の動きに注意を向けることは、自分だったらこう思うだろうと他者に共感するために必要ですが、例えば、自分はこんなことがあれば憤慨するから相手もそうだろうと思って心配していたところ、相手は何とも思っていなかったということもありえます。しなくてもいい心配をすることは人を不幸にします。そういう意味では、他の人が何を感じ、考えているかをあまりに気にかけたり、あるいは、誤解すると不幸になることはありえます。

わからないのは他人の心の動きだけではありません。他人の心の動きがわからないように、自分の心の動きもわかるとは限りません。多くの人は自分が何のためにこんなことをしたのかを知らないことがあります。むしろ、知らないことの方が多いでしょう。それでも、自分のことが理解できるかはともかく、「自分の心の動き」に目を向けることは必要です。

次に、感情についてアウレリウスがどう考えているか見てみましょう。感情的になる時、自分の内で何が起こっているかがわかれば、心が乱れることはなくなります。

難攻不落の精神の城塞

情念から自由な精神は城塞である。なぜなら、人間はこれにまさる難攻不落なものを持たず、そこに退避すれば人は以後揺るぐことのない者として生きることになるからである。それ故、このことを見てこなかった者は無知であり、見ながらも退避しない者は不幸である（八・四八）

怒りや憎しみなどの情念から自由になることができれば、周囲の人から何をいわれたか、何をされたかによって心がざわついたり、怒りに駆られるということはなくなります。また、他者が犯した過ちは無知によるものだと見ることができれば、怒らずにすみます。

第六章

感情とどう付き合うか

情念から自由になるのは容易なことではありませんが、自分の中に難攻不落な精神の城塞があることを知り、情念から自由になることを目指すのとそうでないのとでは、心のあり方はずいぶんと違ったものになります。本章では実際にはどうすればいいか考えてみましょう。

不動心は力

怒りや憎しみ、また悲しみといった感情は、他者から自分に向けられた言動や家族や友人ら親しい人との別れなどによって引き起こされますが、ストア哲学ではそのような外からの働きかけによって影響を受けて心が波立つことを抑え、怒りや悲しみの中にあっても自分を見失うことなく、心の平安を保つことが幸福であると考えます。

アウレリウスは、情念から自由になった心のこのようなあり方を「アパテイア」(不動心)といっています。アパテイアというのは「パトスがない」という意味です。

怒りに駆られる時、(信条、原則として)**手元に持つべきものは、憤慨することが男らしいのではなく、穏やかで温和であることが人間的であるように、より男性的でもあ**

るということ（一一・一八）

「手元に持つ」というのは、ストア哲学の考え方を行動の指針として持つという意味です。今の時代も、怒鳴ること、あるいは、大声で相手を非難したり、その場をねじ伏せようとしたりすることが男らしいと思っている人がいます。格好いいことだと勘違いしているのでしょう。もちろん、勘違いしているのは男性だけではありません。

パワハラが問題にされるようになってきたので、手放しで怒る人、まして手をあげるような人はさすがに少なくなってきましたが、教育や躾のためには叱ることが必要だと考えている人はまだまだ多いように見えます。

しかし、アウレリウスは感情的にはならず、穏やかで温和であることが、男性的であるといいます。これも、男性に限ることではありません。穏やかで温和であることが「人間的」なのです。

この文章は次のように続きます。

強さと体力と勇気はそのような人に備わるのであり、憤慨し不満である人にではな

い。なぜなら、それ（以上のような心構え）は不動心（アパテイア）に近ければ近いほど、力にも近しいものであるから。また、悲しみが弱者の常であるように、怒りも弱者の常である。どちらの人（悲しむ人も怒る人も）も傷つき屈服してしまったのである（一一・一八）

悲しみは弱者の常であると断定されると、肉親を亡くして悲しみに打ちひしがれている人は弱いから悲しいのではないと反発したくなるでしょう。むしろ、そんな時に悲しまない方が問題になることがあります。悲しみを発散させることがいいわけではありませんが、死がどんなものであれ、それが別れであることは間違いないので、悲しくないはずはありません。

アウレリウスのいうように、悲しむ人が弱者であるわけでなく、肉親を亡くした人にとっては別れが悲しいのは当然です。それでも、いつかは悲しみに打ちひしがれ、自分を失っている状態から立ち直らなければなりません。

亡くなった人も残された人がいつまでも何もできないままでいることを喜ぶとは思いません。少しずつ元の生活に戻り、仕事もできるようになったことをもしも故人が知ることができれば、むしろ喜ぶでしょう。

それでも、不動心（アパティア）の状態、悲しみについていえば、何があっても悲しまないことが理想です。親の死などを例にして考えるとわかりにくいですが、誰かから傷つくようなひどいことをいわれたからといって、必ず悲しく感じるわけではありません。悲しみに屈服し傷つかなくてもいいのです。悲しむことも含めて、外にあるものや人によって害されるわけではないことについては、後で見ます。

怒りは弱者の常であるというアウレリウスの指摘もすぐには理解できないかもしれません。不動心に近いという言い方、それに近ければ近いというほど力にも近しいという言い方から、怒りの情念から自由になることが困難であることをアウレリウスが認めていることはわかりますが、怒りに屈服するのが当然だとは考えていません。ついカッとして怒ってしまったというのは弁解でしかありません。力のある人は怒りに駆られ、それに屈服することはないのです。

お前が怒りを爆発させたとしても、それでも彼らは同じことをするだろう（八・四）

彼らが誰であるかは特定されていませんが、怒りをぶつけたくなる人は周りにいくらでもいるでしょう。怒りをぶつけるとどうなるか。

叱られたら怖いので問題行動をやめる人はいます。その意味で、怒りには即効性があります。しかし、また同じことを繰り返します。「彼らは同じことをするだろう」というのは、そういう意味です。即効性はあっても、相手が行動を改善しないのであれば、怒りを爆発させることは有用ではないのです。もう少し怒ると、改心して行動を改善するのではないかという希望を捨てられないので、怒ることをやめられませんが、同じことが続きます。

怒ると相手はいよいよ向きになります。「それでも」同じことをするのではありません。怒りを爆発させるからこそ、相手は同じことをするのです。

相手が間違っていることをしたりいったりすることはたしかにあります。そのような時には、正しくないと指摘すればいいだけです。このことについては後でも考えますが、ともかく怒る必要はありません。

それなのに、怒りをぶつけると関係が遠くなります。もしもこちらがいっていることが正しくなければ、行動を改善しようとしないでしょう。

もしも正しければ、間違っていることを認めたくないのでやはり怒りを爆発させ行動を改善しようとはしないでしょう。罵詈雑言《ばりぞうごん》の応酬はエスカレートし、やがて、互いになぜ腹を立てたかわからなくなってしまいます。

復讐する最善の方法は、自分も同じような者にならないこと（六・六）

アウレリウスは復讐を勧めているわけではありません。相手が怒りをぶつけてきたとしても、自分も同じようにしてはいけないといっているのです。相手の挑発に乗ったところで、何の問題解決にもつながりません。怒らずに権力争いから降りるしかありません。

権力争いから降りるというのは、自分の正しさに固執しないということです。自分が正しく相手が間違っていると思い、どちらが正しいかはっきりさせなければならないと思っている限り、たとえ感情的にならなくても、権力争いをしているのです。相手と同じように怒らないのであれば、どうすればいいのか。

孤高に生きる

絶えず波が打ち寄せる岬のようであれ。岬は厳として立ち、水の泡立ちはその周りで眠る（四・四九）

他人が自分に何をしてもいっても、自分という岬に打ち寄せる波の飛沫のようなものだと考えるのです。厳として立っていれば、妬み、嫉み、いわれのない批判や非難が耳に入ってきても、やがて波は静まり眠ります。

怒りや憎しみの感情を持たないことは難しいと思う人は少なくないでしょう。怒ってはいけないとわかっていても、ついカッとしてしまったとか、人に優しくできなかったというのは先にも見たように、弁解、言い訳でしかありません。相手への怒りがあまりに強く、それに屈服するしかなかった、普段の私は理性的で怒ったりしないのに、と。

本当は、怒ることでは何も問題が解決しないことがわかっていなかっただけなのです。怒ることについていえば、アウレリウスは怒りは抑えるもの、コントロールするものと考えているのではなく、ためにならない、善ではないことを真に知れば、怒りから自由になれると考えているのです。城塞も岬のことも情念から自由になった自分をイメージして書いたのでしょう。

一度わかったつもりになってもその理解が持続しないことがあります。アウレリウスも同じで、周りにいる人が何か失策をした時に、それに対して叱りつけようとしたこともあったのでしょう。

どう振る舞うべきかということがイメージできていなければ、不動心を持つことはできません。何もしないで嵐が去るのを待っていることをアウレリウスは勧めているように思えますが、そうではないようです。

怒るのでなく教えよ

人々が自分にとって相応《ふさわ》しくためになると見えることに向かって進むことを許され

ないとは、何と残酷なことだろう。しかし、お前が、彼らは過ちを犯していると憤慨するのなら、お前はある意味で彼らがそれをするのを許しているのだ。「しかし、そうではない（ためにならない）のだ」。それならば、怒らずに、教え、そして示せ

（六・二七）

誰もが「ためになること」に向かって進みます。実際には、それが自分にとって相応しく、ためになるかはわかりません。

過ちではないとしても、若い人がしようとしていることがためにならないことが周りの人にはすぐにわかることがあります。そうであっても、初めから止められることは「何と残酷なことだろう」とアウレリウスはいいます。親は子どもが思い描いている人生がいかに無謀であり、十中八九失敗するだろうとまで思います。

ある親は子どもから今何を考え、これからどうするかという話を聞かされ言葉を返すことができませんでしたが、こう答えました。「私はお前がしようとしていることが理解できない。でも、間違っていることだけはわかる」と。無論、その親が理解できないからといって間違っているとは限りません。

アウレリウスは「彼らは過ちを犯していると憤慨する」だけなら、彼らが自分に相応しくためになると思っていることをするのを許すことになる、だから、誤っていると思うのなら怒らずに「教え、示せ」といっています。

怒るだけでは認めることになるというのは、興味深い指摘です。ただ怒るだけでは駄目なのです。相手が聞く耳を持つかどうかは問題ですが、あなたは誤っている、なぜ誤っているのか、私はこうした方がいいということを伝えなければなりません。

幼い子どもであれば、叱ってもなぜ自分が叱られているかわからないことがあります。このような場合、叱ることに意味はありません。大人の場合は、相手が怒ると、なぜ怒っているのかはわかります。自分がしていることがどういうことなのかわかっているからです。

若い人が大学には行かないとか、今の仕事を辞めるというようなことを親にいえば、親が反対することはいう前からわかっているはずです。

そこで、怒るだけでは親は何もしていないのです。感情的にならずに、お前のしようとしていることは間違っていると伝えなければなりませんが、伝えることができたとしても、その親の考えが間違っていることがあります。大抵、間違っているといっても言い過ぎではありません。

大事なことは、今の例でいえば、親が子どもの人生に関心があって、子どもが誤ることを看過したくないという思いを伝えることです。子どもの人生のことなので、親といえども本来的には口を挟めませんが、子どもが親の意見も参考にしながら自分の人生の進路を決める援助はできます。これが人間は協力するために生まれてきたとアウレリウスがいうことの意味です。

アウレリウスがいっていることを、一般的な話に引きつけていえば、怒ることはただ反発を招くだけです。

相手から感情的な対応をされた人は、怒ってばかりいないで教えてほしいというべきです。また、相手が怒った時、同じことをしてはいけないとアウレリウスはいいますが、それでも、怒りを感じたり、怒りではなくても不快な思いをした時には、「今のあなたの言い方でひどく腹が立った」とか、「傷ついた」ということはできます。それを伝えるために、怒る必要はありません。

怒る人はそうすることで、自分の主張が相手に受け入れられると考えています。それはたしかにその通りで、相手は恐れをなして、怒っている人のいっていることを受け入れてしまいます。怒る人に屈してしまうと、その人はまた次の機会にも同じことをします。だから、怒っている人がいればその人の怒りに注目するのではなく、ただ怒っているけれどもこの人は何を伝えようとしているかということにだけ注目するようにしなければならないのです。

人間は互いのために生まれた。だから、教えよ。さもなくば耐えよ（八・五九）

「さもなくば耐えよ」というのは、ただ怒らずに耐えよ、我慢せよという意味ではなく、誤りを教えることができないのなら、怒らないで耐えよといっているのです。

人間は協力して生きているとアウレリウスが考えていることは先にも見ましたが、協力の中には、知らないことがあれば、教え合うということが含まれます。

できるならば、教え改めさせよ。しかしできないならば、これ（他者の過ち）に対して寛容がお前に与えられていることを覚えておけ（九・一一）

人が何をしてもそれに対して寛容でいられたらいいのですが、アウレリウスは初めから寛容であれといっているのではありません。故意に過ちを犯したのでないのであれば、まず教えなければなりませんが、自分は決して誤まらないというのではなく、自分も同じ立場に置かれたら誤りうるということを知っていれば寛容になります。

その時に感情的になってしまうことはありますが、教える時に怒りの感情はいりません。

何も求めない葡萄のように

誰かに親切をした時、その人に感謝してもらうことを勘定に入れがちな人がいる。別な人はそのようなことはないが、相手を心の中で債務者と見て自分がしたことを意識している。さらに、別の人は自分の行為をある意味で意識することさえなく、房をつけ、一度自分の果実をならせた後はそれ以上他に何も求めない葡萄《ぶどう》の木に似ている。人は親切にしても声高にいいふらさず、別のことに移る。ちょうど葡萄の木が時節がくれば再び房をつけることに移り、また駆けた馬、追跡した犬、蜜を作った蜜蜂のよ

うに（五・六）

子どもの頃からほめられて育つと、大人になっても自分がしたことを誰かにほめられたい、少なくとも気づいてほしいと思うようになります。

誰にも自分がしたことを気づいてもらえなければ不機嫌になったり、怒ったりします。葡萄の木のように果実を実らせた後、何も求めないようなことはできません。自分に感謝しない人に怒りを感じるばかりか、恨む人もいます。

自分が誰かにしたことは忘れない人、それどころか、恩を着せる人は、自分が他の人にしたことは忘れないのに、人からよくしてもらったことはすぐに忘れてしまいます。

感謝されると嬉しいというのは本当ですが、感謝されるために人に親切にするというのはおかしいでしょう。私は中学生の時に交通事故に遭ったことがあります。自転車に乗っていたのですが、バイクと正面衝突したのです。

後に、その現場に居合わせたという人が家にやってきました。その人は「私が救急車を呼んだ」というのです。すぐに救急車を呼んでもらえたのはありがたいことでしたが、応対した母はその人が謝礼欲しさにきたことをすぐに察して、その人を体《てい》よく追い返したといっていました。

もちろん、困っている人がいれば助けになりたいと思うでしょう。電車の中で気分が悪くなったら、そこにいる人がどんな人かに関係なく助けを求め、その場に居合わせた人は可能な限り力になろうとするでしょう。しかし、助けられた人が後に自分を助けてくれた人にお礼をいいたいと助けてくれた人を探すということはあっても、助けた人が私が助けたと名乗り出るのはおかしいです。

このような緊急時に限らず、日頃からこうすると決めておけば迷うことはありません。つまり、自分は他の人からよくしてもらったら、忘れずに感謝しよう、しかし、人に感謝されることを期待しない、他の人が自分がしたことに対して何もいわないことがあっても、気にかけないでおこうと決めておくのです。もっとも、気にかけないでおこうと意識することですら、認めてほしいという思いに囚われているのですが。

自分がしたことを認めてもらえなかったからと不満に思うようなことが起こるのは、何事もギヴ・アンド・テイクの原則で見てしまうからです。三木清がこんなことをいっています。

「我々の生活を支配するギヴ・アンド・テイクの原則は、期待の原則である。与えることには取ることが、取ることには与えることが、期待されている。それは期待の原則として、決定論的なものでなくてむしろ確率論的なものである。このように人生は蓋然的《がいぜんてき》なものの上に成り立っている。人生においては蓋然的なものが確実なものである」（『人生論ノート』）

ギヴしたら必ずテイクできるわけではありません。できるのは「期待」だけです。ギヴしたことは、必ず返ってくる、返ってこなければならないと思っている利己主義者について、三木は次のようにいっています。

「利己主義者は期待しない人間である、従ってまた信用しない人間である。それ故に彼はつねに猜疑心《さいぎしん》に苦しめられる。

ギヴ・アンド・テイクの原則を期待の原則としてでなく打算の原則として考えるものが利己主義者である」（前掲書）

期待しない人間は、与えたら返ってくるだろうと考えられない、あるいは、そう考えないようにしている人のことです。与えたら自分は損をするばかりだとしか考えられない。だから、利己主義者は与えないのです。

普通は、期待とか信用という言葉を使わないくらい当たり前のことです。アウレリウスがいっている親切についていえば、例えば、急な雨に降られた人に余っていたビニール傘を貸すとします。その時、何もいわなくても、数日後には傘が返ってくることが期待されていますし、たとえ貸した傘が返ってこなくても、そういう人もいるのだなですむような話です。一々、いつ誰に傘を貸し、いつ返却したかを記録したりはしないでしょう。

しかし、利己主義者はそういう発想ができないか、しようとしません。期待すると損をする、信用すると裏切られると思うので、人を信用することもできません。対人関係は人を信用することなしには成立しないのに、相手を信用しないで、もらうことばかり考えています。だから、常に猜疑心に囚われています。

与えても返ってくることもあれば返ってこないこともある、まれに返ってこないことがあっても別にいいという「期待の原則」が社会を成立させています。そういう発想のできない人、「打算の原則」に則《のっと》って考える人は、自分が損をするのではないかと常に不安に苦しむことになります。

純粋な利己主義者はほとんどいないにしても、打算的な人は多いように思います。そのような人は、他人に何かしたら、それ相応の見返りがあるはずだと考え、その見返りにふさわしい程度のことしかしないような人であり、見返りがないと怒り出します。

しかし、何かしても見返りのある場合もあれば、ない場合もあるのであって、それは当然だと思う方が健全なのであって、すべてを打算で割り切ろうとすることは無理があります。

それでは、打算的にならないにはどう考えればいいのか。三木はさらに、次のようにいっています。

「人間が利己的であるか否《いな》かは、その受取勘定をどれほど遠い未来に延ばし得るかという問題である。この時間的な問題はしかし単なる打算の問題でなくて、期待の、想像力の問題である」（前掲書）

「受取勘定」というのは、与えて受け取れると期待できる見返りのことです。利己主義者は遠い未来まで勘定を持ちこせないのです。今すぐに受け取れなければ損をした気分になります。普通の人なら金は天下のまわりものとか、もしくは、情けは人の為ならずとか思って、受取勘定を先延ばしにできるのに、利己主義者はそうすることができません。

このような人は、何かよい行為を他の人にするというよりも、自分がしたことを他の人から認められるかどうかということにしか関心がありません。自分にしか関心がないのです。

アドラーはこのような「自分への関心」(self interest)を「他者への関心」(social interest)に変えなければならないといっています。この他者への関心は、アドラー心理学の鍵概念である「共同体感覚」(Gemeinschaftsgefühl, social interest)のことです。

ある冬の寒い夜、アドラーは目を覚ましました。するともう一枚毛布がかけてあることに気がつきました。アドラーは、妻が毛布をかけたと考えたのですが、実際には、毛布をかけたのは、娘のアレクサンドラだったのです。

アレクサンドラは、父にいいました。

「お父さんが咳《せき》をしているのが聞こえたので、私はお父さんが風邪を引くかもしれないと思って、もう一枚毛布を取ってきた」(*Alfred Adler: As We Remember Him*)

このような他者への関心、つまり共同体感覚は、いわば隠された共同体感覚といえます。

アウレリウスは、自分の行為を意識しない人、つまり、それが他の人に見られるかというようなことを考えない人を「房をつけ、一度自分の果実をならせた後はそれ以上他に何も求めない葡萄の木」に喩えています。

私はこれを読んで三木が次のように書いているのを思い出しました。

「物が真に表現的なものとして我々に迫るのは孤独においてである。そして我々が孤独を超えることができるのはその呼び掛けに応《こた》える自己の表現活動においてのほかはない。アウグスティヌスは、植物は人間から見られることを求めており、見られることがそれにとって救済であるといったが、表現することは物を救うことであり、物を救うことによって自己を救うことである」（前掲書）

植物がはたして人間から見られることを求めているかはわかりません。葡萄が実をならせたらそれ以上は何も求めないように、他の植物も実をならせ花を咲かせたらそれ以上何も求めないかもしれませんが、できるならば存在に気づき花を愛《め》で、水が足りずに萎《しお》れそうになっていたら水を与えたいと思います。

美しいものは完結する

（四・二〇）

およそどんな美しいものもそれ自体で美しい。賞賛を自分の部分として持たず、それ自体で完結する。賞賛されるものがより悪く、あるいは善くなるというものではない

賞賛を自分の部分として持たないというのは、前節に引いた事例で見たように、美しい行為は自己完結的であり、賞賛されなくとも報われるということです。

「賞賛されるものがより悪く、あるいは善くなるというものではない」というのは、このままでは意味が取りにくいですが、「非難されるもの」という言葉を補って、「賞賛されるものがそのことでより善くなり、あるいは〈非難されるもの〉がそのことで悪くなるというものではない」と読めばわかります。

行為の価値は評価とは別であるということです。評価されなければ価値がないわけではありません。反対に、評価されたからといって価値があるとは限りません。

ここでアウレリウスが問題にしているのは、親切とか善行のことですが、一般的にいえば、行為が評価されることはあります。仕事や勉強では評価はつきものです。評価が正当なものであれば、努力して改善する必要があります。

もう一つ考えておきたいのは、自分の価値は他者からの評価とは関係がないということです。仕事や勉強について評価されても、人格について評価されたわけではないということです。上司や教師の中には、こんなこともできないのか、わからないのかと自分の指導や教育を棚に上げ、人を貶《おとし》めるような言い方をする人がいますが、気に留める必要はありません。

誰かから「ひどい人ね」といわれたら落ち込みます。反対に、「すてきな人ね」といわれたら舞い上がってしまうかもしれません。しかし、それらはいずれも、そういった人の自分についての評価でしかありません。その評価の言葉で自分の価値が下がったり、反対に上がったりするわけではありません。だから、たとえ他者から低い評価をされたからといって、悲観するのはおかしいのです。

このようなことをアウレリウスが書いているのは、彼に擦り寄ってくる人が多かったからでしょう。時に賞賛に心が揺らぐことがあり、そんな自分を戒《いまし》めるために書いたのかもしれません。

他者に求めない

他者が何かをするかしないかには何も求めない（二一・一七）

賞賛されることだけでなく、こんなことをしてほしいと期待しても、他者は自分の期待を満たすために生きているわけではないので、期待を満たさないからといって怒るいわれはありません。

親子関係でいえば、子どもが一生懸命勉強することを親は期待するでしょうが、子どもが親の期待を満たさないからといってイライラしたり、怒ったりしないということです。どんな対人関係においても、他者に何も求めなければ、他者の言動が自分の意に沿わないものであっても、そのために怒りを感じることはなくなります。

怒りを感じなくても、他者の人生が気になることはありますが、その思いは自分で解決するしかありません。親は心配なので勉強してほしいとはいえないのです。

子どもにしてみれば、親の期待でしかないので、親の期待を満たすために勉強しなくてもいいのです。

お前の生涯はもう終わろうとしている。それなのに、自分自身を尊敬することなく、他者の魂の中に自分の幸福を預けている（二・六）

これは先に引いた言葉ですが、他者に幸福にしてもらおうと思ってはいけないということです。

他人の心に何が起こっているかに注意を向けないからといって、不幸である人は容易に見つからない（二・八）

これも先にも引きましたが、人が何を考えているかを気にすると、期待してしまうことになります。

とはいえ、人は協力するために生きているのですから、他者が何をしていようと我関せずでいいわけではありません。アウレリウスは次のようにいっています。

助けを受けることを恥じるな（七・七）

他者に期待したり、その意味で他者に依存するのは問題ですが、助けを求めなければならないことはあります。当然、助けが必要な人がいれば、助けになりたいです。

第七章

外にあるものは人を不幸にしない

他者と関わることなしには生きていけませんが、皆がいい人であるはずはなく、自分のことを悪くいう人が一人でもいれば、そのことで心の平静は乱され、感情的になることもあります。

対人関係だけでなく、何かの出来事が自分に降りかかってきて、人生が思いもよらぬ方に進んでいくということはあります。多くのことは自分では制御することはできません。誰かすてきな人と出会い、付き合って、結婚するとか、入学試験に合格して望む大学に進学するというようなことであれば嬉しいでしょうが、頑張って勉強したのに試験に落ちるとか、一生懸命尽くしていたのに、恋人が去ってしまうというようなことが起きます。

このようなことが起きた時、自分の外で起きたことが自分を不幸にしたと考えてしまいますが、これは自明のことではありません。同じことが起きても、それをどう受け止めるかは、人によって違います。

とはいえ、生きている限り、自分の外で起きたこと、起こっていることに目を伏せるわけにいきません。自分とは無関係に起きることであればまだしも、人が自分について悪くいっているようなことを見聞きすると、心穏やかでいるのは簡単ではありません。そのような時、どうすればいいか考えてみましょう。

災いは内なる判断から

事物は魂に触れることなく、お前の外で静かにある。苦悩はお前の内なる判断からだけ生じる（四・三）

お前が何か自分の外にあるもののために苦しんでいるのであれば、お前を悩ますのは、その外なるものそれ自体ではなく、それについてのお前の判断なのだ（八・四七）

ストア哲学では何か外にあるものを認識するという時、感覚器官はその映像を心の中に刻印すると考えます。この映像のことを「表象」（パンタシア）といいます。問題は、外の印象は判子《はんこ》を押すように心の中に刻印されるのですが、それだけでは正しく認識できることにはならないということです。

災いはどこにあるのか。災いについてお前の思いなす部分があるところにだ（四・三九）

外に起きることが必ず災いであるのではなく、それを災いと思いなすのです。

お前を悩ます多くの余計なものはすべてお前の判断の中にあるので、お前はそれを除去できる（九・三二）

何かが自分の意志とは関係なく起きることは避けることはできませんが、それについて判断する時に、誤った判断をしていないか、見極めなければなりません。

悩みが起きるのは判断を誤るからなので、正しく判断できれば悩みはなくなるとアウレリウスはいいます。

最初に現れる表象が伝えること以上のことを自分にいうな。何某がお前のことを悪くいっていると告げられた。それは確かに告げられた。だが、お前がそれによって害を受けたとは告げられなかった。私の子どもが病気であるのを私は見る。確かに見ている。しかし、危険な状態であるとは見ていない。このように常に最初の表象に留まり、自分で内から何一つ言い足すな。そうすれば、お前には何事も起こらない。むし

ろ、**宇宙に起こるすべてのものを知っている者として言い足せ**（八・四九）

誰かが自分について何かを話しているというのが「表象」です。その表象が伝える以上のこと、つまり、その誰かがいっていることが「悪口」であると判断をしないということです。

熱を出している子どもを見れば、親は重篤な状態かもしれないと動揺します。このまま死ぬのではないかとまで思って怯えることもあります。

十四人の子どものうち多くの子どもを幼くして亡くしたアウレリウスは度々子どもが病気で苦しむのを見て心を痛めたことでしょう。

「**子どもを失うことがありませんように**」という**人がいる。お前はいう。**「**失うことを恐れないように**」（九・四〇）

とアウレリウスは書いています。

悪口についていえば、ここでは、「何某がお前のことを悪くいっていると告げられた」

ということなので、自分で直接聞いたわけではありません。

誰かが自分のことを悪くいっているということを知らせる人はいるものです。余計なお節介ですが、本人は親切でしていると思っているのでしょう。

自分で聞いたわけではなく、誰かが自分の悪口をいっていたと他の人から伝え聞いたというのであれば、そもそも誰かが悪口をいっていたかどうかも本当のことかはわかりません。

「なぜ自分のことを悪くいっているか」と判断するかといえば、その人のことを日頃からよく思っていないからです。あの人が自分について何かをいっていたのなら、悪口に違いないと判断してしまうのです。しかし、これは「最初に現れる表象以上のこと」です。

判断を取り去れ。そうすれば、「害された」（という判断）は取り除かれる。「害された」を取り去れ。「害された」が取り除かれる（四・七）

他者から誹謗中傷《ひぼうちゅうしょう》されることがあります。そこまでいかなくても、自分のことを悪くいう人はいるものです。誰かが自分の悪口をいっているのではないかと思うだけでも心が平静でいられなくなることがあります。

そのようなことに一切耳を貸さなければいいのですが、そうしようとすることが相手の術中に陥ることになります。耳を貸さないでおこうと思うことが囚われになり、相手のことを四六時中意識することになるからです。

だから、誰かが自分について話しているという以上のことを受け入れないで、「害された」という判断を取り去れとアウレリウスはいうのです。しかし、実際には、自分で聞くのであれ人から聞かされるのであれ、自分のことを話している人がいると、それが悪口であり、さらにその悪口によってその人に「害された」とか傷ついたと思ってしまいます。

しかし、たとえ事実誰かが自分のことを悪くいっている人がいるとしても、その人から害されたわけではありません。「害された」と判断するのをやめよとアウレリウスはいうのです。

他の人が自分について何かをいうことは防ぐことはできません。これは「権内《けんない》」にあることではありません。権内はストア哲学でよく使われる言葉ですが、自分の力が及ばず、コントロールすることはできないということです。

できることは、誰かが自分について語っているとしても悪口をいっているという判断をしないこと、たとえ事実自分についてよくないことをいっているとしても、そのことで自分が害されるわけではないと考えることであればできます。

正しい判断をする

虚偽のもの、明晰でない表象を承認しない（八・七）

「最初に現れる表象が伝える以上のことを自分にいうな」というアウレリウスの言葉を読むと、一切判断をしないという意味にも取れますが、そうではありません。

外にあるものについて判断しないというのではなく、「虚偽のもの、明晰でない表象」を承認しないとアウレリウスはいいます。表象が理性によって承認された時に、認識の中に正しく取り入れられるのです。

自分のことを悪くいっているという話を聞けば、すぐに信じてしまいますが、このようなことに限らず、人から聞いただけでは本当のことかわからないのに、よほど気をつけなければ誤った判断をしてしまうことはあります。

今の時代でいえば、ＳＮＳで読んだことが虚偽であることはよくあります。大抵の情報は自分で確認できません。噂話やフェイクニュースを本当のことだと思って、確認することもなくリツイートしてしまい、虚偽の情報が拡散されていきます。

自分の目で見たとしても、正しく判断できるとは限りません。明晰でないことはわかります。しかし、虚偽かどうかの判断が困難なことがあります。それでも、絶えず自分の判断が正しいかどうかを吟味しなければなりません。

なぜ自分のことが悪くいわれているかが気になるのでしょう。悪くいわれたくはないでしょうが、自分の価値を自分では認められないからこそ、人から悪くいわれたくなく、よく思われたいのです。このことについては先にも見ました。

自分のことを悪くいう人がいるとしても、それで自分が害されたと考えないことも正しい判断をするということです。先にも見ましたが、評価と価値は別物なので、自分のことを悪くいう人がいても、つまり、自分について低い評価をする人がいても、その評価が自分の価値を下げるわけではありませんし、その評価によって害されるわけではないということです。

善き人には悪しきことはない

アウレリウスは、誰からも害を受けることはないと、次のようにいっています。

私が彼ら（過ちを犯す人）の誰からも害を受けることはありえない。誰も私を醜悪なもので包み込むことはできないからだ（二・一）

この一文を読むと、「善き人には、生きている時も死んでからも悪しきことは一つもない」「優れた人が劣った人に害されることは許されないことだと思う」（プラトン『ソクラテスの弁明』）というソクラテスの言葉を私は思い出します。

ソクラテスは有罪判決を受け、死刑に処せられたのですが、たとえ市民権を奪われ追放されたり死刑になったとしても、そのことが自分にとって悪であり、死刑になっても害されたとは思わないというのです。

まして、他者が自分のことを悪くいおうと、他者から非難されたり裏切られたりするようなことがあったとしても、そんなことで自分が影響を受けることはないということです。

過ちを犯した人は害を加えはしなかった、なぜなら、指導的部分（理性）を以前より悪くはしなかったからとアウレリウスがいっていることは先に見た通りです。

第八章

困難にどう向き合うか

対人関係は煩わしいもので、人と関われば必ず摩擦が生じ、そのためアウレリウスの言葉でいえば、害されたり、傷ついたりします。しかし、自分が生きていく時に私たちの行く手を阻むのは対人関係だけではありません。

耐えられない困難はない

本性上耐えられないことは誰にも何一つ起こらない。他の者に同じことが起こっても、起こったことを知らないか、高邁《こうまい》さを誇示して泰然とし害されることはない。無知と虚栄が思慮よりも強力であるとはおぞましい（五・一八）

人間に耐えられないようなことは、そもそも何一つ起こらないとアウレリウスはいいます。「無知と虚栄が思慮よりも強力である」というのはこういう意味です。

自分に起こったことを知らないというのが「無知」です。幼い子どもであれば、自分の身に起こったこと、例えば、親を亡くした時にそれがどういう意味か本当には知らないかもしれません。起こったことは知っていても、そのことが自分のこれからの人生にどんな影響を及ぼすことになるのか知らないので、喪失感はあって悲しくても、それ以上の意味を知らないということです。

高邁さを誇示して泰然とし害されることはないというのが「虚栄」です。アウレリウスは、これがいいといっているのではありません。ソクラテスは死刑の判決を受け、毒杯を呷《あお》って従容として死にましたが、自分が泰然として死ぬことを誰かに誇示しようと思ってはいなかったでしょう。

それに対して、思慮のある人はどんな困難に遭遇してもそれに向き合い、なかったかのように見ようとしたり、虚勢を張ったりするようなことはありません。その困難に耐えることができるということです。

自分と同じような経験をした人がいることを知るだけでも救いになることはあります。そのことを知ったからといって苦しみから直ちに解放されないとしても、他の人が困難を切り抜けたのであれば、時間がかかっても自分も切り抜けられるかもしれないと思えることはあります。

乗り越えられない困難はない

お前自身には成し遂げ難いことがあるとしても、それが人間に不可能なことだと考えてはならない。むしろ、人間にとって可能でふさわしいことであれば、お前にも成し遂げることができると考えよ（六・一九）

これは誰でも何でも成し遂げることができるというような意味ではありません。避けることができないこと、例えば、親を亡くすとか、病気や老いと直面した時に、それがどれほど耐え難いことに思えても、自分だけが初めて体験することではなく、これまでも多くの人が同じ体験をし乗り越えてきたことだから、お前も乗り越えられないことはないと自分に語りかけているのです。

病気になっても若い時であればまたすぐに元気になると思えるかもしれませんが、歳を重ねると気弱になります。このまま死ぬかもしれないとまで思います。

そんな時に、こんなふうに病気で倒れたのは自分だけではないことに思い当たると、不安の中に希望を見出すことができます。

ようやく歩き始めたばかりの幼い一人息子を亡くし、悲しみに打ちひしがれていたキサーゴータミーという母親の話があります。釈尊《しゃくそん》は、彼女に一度も葬式を出したことがない家から白い芥子《けし》の実をもらってくるようにといいました。彼女はそのような家はないということ、死はどこの家にもあることを知りました。こうして、子どもの死を受け入れることができました。

現代では葬式を出したことのない家もあるので、釈尊のこの助言では子どもの死を乗り越えることはできないでしょうが、キサーゴータミーは、家々を訪ねていくうちに、子どもの死を経験したのは決して自分だけではないことに思い当たったのです。

無論、他の人が苦難を乗り越えられたからといって、他ならぬこの自分が乗り越えられるとは限りませんが、どんな困難も人類未到の地に立つというような冒険ではありません。

「はじめに」で述べましたが、大学院に入った年に母が脳梗塞で倒れ入院しました。妹はすでに結婚し、父は働いていたので、学生だった私が平日は病院に泊まりこんで、母の看病をすることにしました。当時は完全看護ではなかったので、家族が付き添う必要があったのですが、重体だったのでいつでも駆けつけられるようにということだったのかもしれません。

病室にギリシア語の本を持ち込んで勉強をすることにしましたが、専門のプラトンの対話篇ばかりでなく、『自省録』も読みました。

病院ではあれこれ用事があったので、どこからでも読み始め、中断もできる『自省録』はありがたかったです。読んだ内容を頭の中で考え続けながら、病院の屋上で洗濯をしたりしていました。

やがて、母が日々に弱っていくのを見ていると、母がもう長くはないことを、否が応でも認めないわけにいかなくなりました。ある日、主治医に呼び出され、母はもはや回復の見込みがないことを知らされました。

「お前自身には成し遂げ難いことがあるとしても、それが人間に不可能なことだと考えてはならない」という一節を読んだ私は親を看取ったのは私だけではないことに思い当たりました。

別の日、新約聖書から次の言葉を見つけました。

「あなた方があった試練で、人間が耐えられないものはなかった。神は真実である。あなた方が耐えられないような試練にあわせることはないばかりか、試練と同時に、それに耐えられるよう逃れる道も備えてくださるのである」（『コリント人への第一の手紙』）

アウレリウスは、苦難を避けることはできない、しかし、それにどう立ち向かうかは選ぶことができる、気高く耐えようとしかいいませんが（すぐ後で見ます）、聖書には神は試練と同時に「逃れる道」も備えてくださると書いてあることが、私の注意を引きました。

私にとっての試練は、長く続く母の看病でした。この聖書の一節を読んで間もなく母は医師の言葉通り亡くなりました。

私は、密かに試練から「逃れる道」とは母の死ではないかと思ったのです。それほど疲《ひ》弊《へい》していたのです。あと一週間病院にいれば、私の方が母よりも先に死ぬのではないかとさえ思いました。

そんなことを思ったことと母が間もなく逝《い》ったことには因果関係があるはずはありませんが、当時はそんなことを私が思わなければ、母はもう少し長く生きられたのではなかったかと自分を責めました。

長く看病や介護をした経験のある人には、親や子どもがよくなることを願っているはずなのに、その現実から何らかの仕方で逃れようと思った人はいるでしょう。

今は、「逃れる道」とは、「成功などの世間的価値ではない真の人生の価値を知る」という意味であると考えています。なぜそのように考えられるようになったかは、次章で見ます。

病院ではもっぱら本を読んでいましたが、ノートに母の病状や受けた治療などを記録していました。そのノートにはそれ以外に考えたことを書いていました。それは私にとっての『自省録』でした。

母の死後、私はさらに大きな試練をいくつも経験しましたが、母の病床でノートを書きながら自分と対話していた日々のおかげで、乗り越えることができたのだと思います。

私は長く看護大学の学生などに教えてきたので、国家試験を受ける学生にもこのアウレリウスの言葉を講義の中で紹介してきました。

サン＝テグジュペリの小説にある「自分に言ってきかせるのだ、他人がやりとげたことは、自分にも必ずできるはずだ」（『人間の土地』）という言葉も学生に教えました。

試験を受けることは、人類未到の地に立つような大冒険ではありません。たとえ、失敗してもやり直すことができます。

ところが、失敗することばかり考え、結果を出すことを恐れる人がいます。そのような人は取り組む課題が困難だから不安を感じ恐れるわけではありません。結果を出さないためには、課題を回避すればいいのです。学生であれば、試験を受けなければ評価されません。課題に直面しないためには理由がいります。他の人が納得できなくても、不安や恐れの感情を作り出して逃げることを少なくとも自分は納得しようとします。

どんな結果になるかはわかりませんが、結果を引き受けるしかありません。何もしないで、後になってあの時しておけばうまくいったかもしれないと可能性（この場合、過去の可能性ですが）の中に生きるのではなく、結果を出し、それを受けて必要があれば再度挑戦する、もしくは他のことに挑戦すればいいだけです。

気高く耐える

今後はお前を悲しみに誘うものにあっては常に次の原理を用いることを覚えておけ。それは不幸ではない。むしろ、それを気高く耐えることが幸福である（四・四九）

「悲しみに誘うもの」に遭うことを避けることはできません。波が、時に荒波が打ち寄せることを避けることはできません。

問題は、それをどう受け止めるかです。その波を「気高く」受け止めれば、すぐにではないとしても、やがて水の泡立ちは眠ります。

「気高く耐える」とは悲しくなどないのだと思って、本当は耐えなければならないほどの強い悲しみをやり過ごすことではありません。そのようなことはできないのです。

母が亡くなった時、母の遺体と共に病院から家に帰りました。父は私が後追いをするのではないかと私を見て思ったと後になって話してくれました。私がそこまで憔悴《しょうすい》していたとは自分では気がついていませんでした。

私はそれほど憔悴していたのに、人前では決して泣いてはいけないと思っていました。悲しみを封印しようとしたことは、私が母の死から立ち直ることを遅らせたのではないかと今は考えています。

しかし、悲しみを封印しないことは、悲しみの感情を発散するというようなことではありません。私がどんなものであれ、それが別れであることは間違いありません。死別でなくても、しばらく共に過ごした人とまた会えることはわかっていても悲しいものです。

親や親しい友人を亡くすのは悲しくないはずはありません。亡くなった人とは二度と会うことはできないことは悲しいことです。その悲しいという感情をそのまま受け入れてもいいのです。

悲しみの中で自分を見失うことがなければ、キサーゴータミーのようにすぐに死を受け入れることはできなくても、必ず立ち直っていくことができます。たとえ、その時点ではそうは思えなくてもです。立ち直れると信じられる人は、悲しみに屈服することにはならないのです。

家族を亡くす経験をした人、とりわけ、不慮の事故で突然家族を亡くした人の悲しみはなかなか癒えません。覚悟ができていないからです。それでは、長く療養してきた家族が亡くなった時に家族に覚悟ができているかといえば、そんなことはありません。

それでも、前よりは少しは立ち直れると、ある日、亡くなった人のことを考えていない時があることに気づくようになります。

そのことは決して薄情なことではありません。むしろ、故人が何らかの仕方で家族の生活を垣間見ることができたとしたら、食事も喉《のど》を通らず、泣いてばかりいるのではなく、また元の生活に戻ろうとしているのを知って安堵するでしょう。このことについては、先にも見ました。

第九章

善悪無記なものに固執しない

人生においてはこれまで見てきたように、さまざまな困難がありますが、それらが悪なのか、また、人生においてはこれを手に入れられたら、あるいは、この目標を達成できたら幸福になれる、つまり善であるのかは自明ではありません。アウレリウスはそれ自体では善でも悪でもない「善悪無記」のものがあるといいます。

善悪無記なもの

死と生、名声と悪評、苦痛と快楽、富と貧困、これらすべては善き人にも悪しき人にも、美しくも醜いもないものとして等しく生じる。したがって、それらは、善きものでも、悪しきものでもない（二・一一）

ここに例としてあげられている普通には善と見なされていること、反対に悪と見なされていることを、アウレリウスは「善悪無記」（アディアポラ）とか（善と悪の）「中間的なもの」（メサ）といっています。それ自体では善でも悪でもないという意味です。真に善といえるのは徳のみ、悪徳のみが悪で、それ以外は善悪無記です。

ギリシア語の「善」「悪」は「ためになる」「ためにならない」という意味であることはこれまで何度か見てきました。財産や名誉を所有していても、自分のためにならない、つまり善ではなく悪であることがあります。

財産を持っていても、賭け事で大損をして一瞬にして失うかもしれません。相続をめぐって親族が争うことになるかもしれません。今は自分のことをよくいってくれる人でも、ある日、突然手のひらを返すように悪口を言い出すかもしれません。名声はたちまち悪評に変わります。

無関心でいる

このような善悪無記のものにはどう向き合えばいいか。アウレリウスは次のようにいっています。

この上なく立派に生きること、この力はもしも善悪無記のものに無関心でいるならば、魂の中にある。もしもそれらのものの一つ一つを分析的、全体的に見て、それらは我々にそれらについての思いなしを植え付けず、我々のところにやってこないでじ

っとしているのに、**我々がそれらについての判断を生み出し、**いわば、**書**かなくてもいいのに、また、**気**づかずに**書**いてもすぐに**消**せるのに、**自分自身の中に書き付ける者であることを覚えておけば、無関心であるだろう**（一一・一六）

素朴さ、羞恥心、徳と悪との中間にあるものへの無関心でお前自身を輝かせよ。人間を愛せ。神に従え（七・三一）

「善悪無記のものに無関心でいる」ならば、この上なく立派に生きることができるとアウレリウスはいいます。どうすれば無関心でいられるか。善悪無記であるので、善とも悪とも判断しなければいいのです。善悪無記なものは、それについての「思いなしを植え付けない」。つまり、判断することを要求しないのに、人が善か悪かという判断をするのです。その上、その判断は大抵は誤っているのに、「自分自身の中に書き付けた」判断を後になって訂正しようとはしません。

死はそれ自体は善でも悪でもないのに、悪であると判断する人は多くいます。しかし、そのように判断してしまうと、死の恐れに囚われ生きる喜びを感じられなくなります。

富と名声を得て成功することも善悪無記なのに、常識的な考えに従って、それを得るために汲々《きゅうきゅう》として生きなければならなくなります。たとえ成功して富を得ることができるとしても、それを失うことを恐れながら生きることになります。もしも成功できなければ、幸福に生きることはできなくなります。

善悪を知る

善でも悪でも「ない」と判断するためには、何が善で、何が悪で「ある」かを知っていなければなりません。そうであれば、アウレリウスは、善悪無記なものに無関心であれといいますが、それだけでは十分ではありません。

なぜ善悪無記と見なければならないのかといえば、まず、これらのものはいつ何時《なんどき》失ってしまうかは誰にもわからないからです。

何が善か悪かを判断する理性が正しく働いている状態のことを、ギリシア語では「アレテー」といいます。これは「徳」と訳されますが、ギリシア語の本来の意味は、善い人という時の「善さ」（優れていること、卓越性）です。

何をもって善いというのか、どんなことが優れているとされるかは時代や社会によって違います。軍人であることや高貴な生まれであることが優れた人であるとされた時代がありました。政治家が優れた人であるとされた時代もありました。

日本では、末は博士か大臣かといわれた時代がありましたが、今、若い人で学者や政治家になりたいと子どもの頃から憧れているような人が多いとは思いません。

ギリシアには、政治家として国家有数の人物になることを目指す青年が多くいました。生まれとは関係なく、知識を身につけさえすれば政治家になることができました。そこで、青年たちは、ソピステース（ソフィスト）と呼ばれる報酬を取って教える職業教師から、政治家になるために必要な言論の能力である弁論術を学びました。

ソピステースは政治家になって成功することがはたして善か悪かは不問に付しましたが、ソピステースを批判したソクラテスは、何が善であり悪であるかを判断できる人こそがアレテーのある人だと考えました。

ソクラテスは、青年たちと議論し、世間的な価値観を揺さぶりました。そのため、彼は青年に害悪を与えるという理由で告訴され、死刑になりました。今の時代も、成功は善であると見なされ、はたして成功することは本当に善であるのか、つまりは、人を幸福にするのかを考える人は多くありません。失敗するよりも、成功する方がいい。病気より健康である方がいい、お金もないよりあった方がいいと考える人も多くいます。そんなことは当然のことだと多くの人は考えるでしょう。しかし、本当にそうなのかと人を立ち止まらせるのが哲学です。

財産、地位、成功のような普通には善と思われていることは、それ自体では善悪無記、つまり、善でも悪でもないとアウレリウスは考えるのです。

ソクラテスは、それらにアレテーが伴えば善になるが、そうでなければ悪になり、それを持っている人を不幸にすると考えます。ソクラテスのいうアレテーというのは、善悪の知です。先に見たように、どんな状況においても、あるものが善で、あるものが悪であると一義的に決まっているわけではありません。

お金を持つことは善いと見なされていて、実際、お金があることで生活苦から抜け出せるということはありますが、使い方を誤ったり、どう使うかを知らなければ、人を不幸にすることがあります。大金を手にして身を持ち崩すというようなことです。そのような人も、善悪の知を欠いているのです。

ソクラテスは法廷で、裁判員の前で人々に次のように話しました。

「君たちはお金ができる限り多く手に入ることには気を遣い、そして、評判や名誉には気を遣っても、真実には気を遣わず、魂をできるだけ優れたものにすることにも気を遣わず心配もしないで、恥ずかしくはないのか」（プラトン『ソクラテスの弁明』）

ソクラテスにとっても、お金や評判、名誉はそれ自体では善ではありません。幸福であるためには、それらが善であるか、つまり、ためになるかを吟味しなければなりません。どんなことも状況から離れて、善か悪かが決まっているわけではないので、不断の検証が必要です。

苦しい人生を生き抜く

反対に、病気になることや親を亡くすというような普通には悪と思われていることであっても、それ自体は悪であるわけではありません。悪と思われていることでも、実は悪ではなく、それが我が身に降りかかった時に正しく受け止め対処すれば、善になりうることを知っていれば、とかく苦しみの多い人生を生き抜くことを可能にします。

「こんなことが**起**こったとは**私**は**不幸**だ」。そうではない。「それが**起**こったのに、**今のことに打ちのめされず未来のことを恐れず苦しむことなくいるとは、私は幸福**

だ」。というのは、そのようなことは誰にでも起こりえたが、誰もがその中で苦しまずにいたわけではなかったからだ（四・四九）

悲しい出来事や苦しい状況に直面した時、どうして自分だけがこんな目に遭うのか、何と自分は不幸なのだと考えてしまいますが、それらは必ず悪で自分を不幸にするわけではなく、善悪無記なものです。

悲しみが癒え、苦しみから脱却するのには、長い時間がかかりますが、起こったことが不幸なのではない、悲運に打ちのめされてしまわないで、これから自分はどうなってしまうのかと未来を思って不安を募らせ絶望することなく、耐える力があると思えることが幸福だとアウレリウスはいいます。

不幸の渦中にある人がこのように思うことは難しいですが、先にも見たように、アウレリウスが「お前自身には成し遂げ難いことがあるとしても、それが人間に不可能なことだと考えてはならない」（六・一九）といっているのは、苦しまずにいることについても当てはまります。

他者も善悪無記

病気になることや老いること、災害に遭うようなことばかりでなく、他者も善悪無記です。

一方の理からすれば、人にはためになることをし、耐えなければならない限り、人間は我々にとってもっとも近しいものだが、ある者たちが我々の本来の仕事の邪魔をする限り、人間は、太陽、風、獣と同様、善悪無記のものになる（五・二〇）

ちょうど太陽がその強い日差しで活動を妨げるように、人と関わる時に「耐えなければならない」ことがあります。しかし、誰もがいやな人であるはずはなく、同じ人でもいつも自分につらく当たってくるわけではありません。そんな人に対してであっても「ためになること」をしなければなりません。

それほど人間は近い関係にあるだけに、仕事の邪魔をするようなことがあれば悪になります。ただし、人間は善悪無記なものだとアウレリウスはいっています。暑い日差しの中を歩くことはつらいことですが、日が差さなければ作物は実りません。他者も、そして、自分もよい人、悪い人と決まっているわけではないのです。

それらによって活動は妨げられるだろうが、除去したり、方向を変えるので、意志と性格の障害にはならない。なぜなら、**精神は自分の活動の妨げになるものをすべて牽引役へと向きを変え、**変質させるからだ。そして、**仕事を妨げるものは仕事に役立つものになり、この道に立ちはだかるものは前進を促すものになる**（五・二〇）

他者が活動を妨げることがあるとしても、役立つものに変えることができるとアウレリウスはいうのです。抵抗があればこそ、それを回避する方法を探れるということはありません。自分でよかれと思ってしていることが誰かに妨げられるということは、自分のしていることにどこか改善の余地があるからかもしれないと考えてみるのです。

他者は善にも悪にもなるというよりも、他の外から降りかかる出来事と同じく行く手を遮り、権内にはないように思えます。それでも、他者を「牽引役」に変えるために、何ができるかを考えなければならず、さらに、人には親切を尽くさなければならない。その人のためになることをしなければならないのです。

生と死は善悪無記か

大切なことは、善か悪かという判断は本人しかできないということです。病気になっていいことはありません。それでも、病気になったことを嘆いてばかりいては、苦しみは増すばかりです。

少し症状が落ち着いたり、寛解《かんかい》して退院できた時に、病気で倒れたことはつらく苦しいことだったけれど、この経験を通して学んだこともあると考える人はいるでしょう。病気になるまでは健康を過信し仕事にばかり精を出し、仕事中毒ともいえる生活を送っていたけれど、病気になって以来、生活態度を変えられ、病気になってよかったと思えるようになったというようなことです。これは私が心筋梗塞で倒れた時に学んだことです。

しかし、病気になることにもいいことがあるというようなことは、病気になった人はいえますが、病気ではない他の人が病気になった人にはいえません。もちろん、励ますつもりでいうのですが、そのようなことをいわれた側はあまり嬉しくはありません。病者からすれば、対岸の安全地帯から声をかけられている気がしたり、病気の痛み、苦しみを知らないのによくそんなことがいえるものだと思ったりするかもしれないからです。

アウレリウスは生死は善悪無記と考えていますが、生と死を善悪無記と見ることには問題があると私は考えています。生きることはそれ自体では善とも悪とも決められないということになると、悪である生、役に立たない生があることになるからです。

生きていても仕方がない生というものはありません。自分は人に迷惑をかけてばかりいると思い、こんな自分は生きていてはいけないと思う人が出てきます。さらに、問題は、生の価値を人が、あるいは世間が決めることがありうるということです。何もできないあなたにはもはや価値がないなどと直接いう人はいないとしても、皆が自分には生きる価値はないと思っているのではないかと考えてしまうということです。この点については、死についてアウレリウスがどう考えているかを見る時にもう一度取り上げます。

第十章

運命を受け入れる

運命という言葉を使う人は今の時代も多いでしょう。「それは運命だった」というように、人生が自分が望まない方向に進んだ時に使われます。先にも見た困難のうち、特に抗《あらが》い難く思える運命にどう対処するか本章では考えてみます。

すべては運命か

神々のことは摂理で満ちている。偶然のことも、自然なしには、つまり、摂理が支配する事物から紡がれ編み上げられたものなしには生じない。そして、万物はそこ（神）から流れ出る。さらに、お前がその一部である宇宙全体への有益性が付け加わる（二・三）

この世界に偶然はなく、すべては神の摂理の下《もと》で正義に従って起こる、しかも、起きることは、宇宙全体には有益であるとアウレリウスはいいます。

このように、すべてが運命や神の摂理の下で起きるとしたら、生きることの意味はどこに見出せるのか考えないわけにいきません。

それでは、起こることはすべて偶然かといえば、そうとはいえないと思う人はいるでしょう。三木清が運命について次のようにいっています。

「人生においては何事も偶然である。しかしまた人生においては何事も必然である。このような人生を我々は運命と称している。もし一切が必然であるなら運命というものは考えられないであろう。だがもし一切が偶然であるなら運命というものはまた考えられないであろう。偶然のものが必然の、必然のものが偶然の意味をもっている故に、人生は運命なのである」(『人生論ノート』)

人生においては、何事にも必然と偶然の両面があります。すべてが偶然であれば運命というものを考えることはできません。逆に、すべてが必然であっても運命というものを考えられません。

道で誰かとすれ違うのは偶然ですが、それを誰も運命とは思いません。手から離れて落下した石が地面に落ちても、石が地面にぶつかったことを誰も石にとっての運命だったとは思わないでしょう。

すべてが自然界の法則のようにあらかじめ決まっているのであれば、自分が何をしようが結果は同じです。必然ではなく、別のことも起こりえたのにこうなったと思えるからこそ、起こったことが必然ではなく運命だと思えるのです。

反対に、すべて起こることは偶然であると考えたら、明日の天気どころか一瞬の後に何が起こるかもわかりません。そうなると、これをすればこういう結果が出るだろうという見通しを立てることもできません。

この人生を生きる時、何の制約もなく自由に生きられるかといえばそうではないことを多くの人は実感していると思います。ところが、人生何でも思いのままになるという人はいます。そのようにいう人は、挫折した経験はないのでしょうし、思いのままにならないことを経験した時でも、自分に何が起こったかを正しく理解しなかったのかもしれません。私は何でも思いのままになると思ったことはないので、人生が思いのままになると自信を持っていう人がいることを驚かないわけにいきません。

頑張って勉強したのに試験に落ちるというようなことは、後から振り返れば取り返しのつかない大きな挫折ではありませんが、その時はそうは思えません。

仕事を失うとか、親を亡くすという経験はそれよりも大きな出来事ですが、このような人生の行く手を遮るようなことを経験する一方で、自分の人生を一変する人との出会いも経験します。そのような出会いも偶然とは思えません。「邂逅《かいこう》」という言葉を使うことがあります。

哲学者の九鬼周造《くきしゅうぞう》は、運命について次のようにいっています。

「偶然な事柄であってそれが人間の生存にとって非常に大きい意味をもっている場合に運命というのであります」（「偶然と運命」『九鬼周造随筆集』）

意味は自分が与えるのです。何でも自分の思う通りの人生を生きることはできませんが、制約の中でも運命に翻弄されることなく生きることができるのかどうか。アウレリウスが運命についていっていることをさらに見ていきましょう。

喜んで受け入れよ

何かを追いかけず、避けもしないで生きる（三・七）

これだけ読むと消極的な生き方を勧めているように見えますが、アウレリウスがなぜこのようにいうのかを見なければなりません。

進んでお前自身のすべてをクロトに委《ゆだ》ね、神が望む事でお前の運命の糸を紡がせよ（四・三四）

クロトは三人の運命の女神たちの一人です。ラケシスは過去、アトロポスは未来、そしてクロトは現在を司る神です。

起こることに進んで従うことは理性的動物にだけ許されており、（他の）**すべてのものには、ただ従うのが必定である**（一〇・二八）

ここでも進んで従うという言い方をアウレリウスはしています。健康な眼は見られうるものは何でも見ます。緑色だけを見たいというようなことはいいません。聴覚や臭覚についても同じことがいえます。

したがって、**健康な心は起きることのすべてに覚悟ができていなければならない。子どもは助けてくれとか、自分のすることを何でもほめよというのは、緑色だけを見た**

いといい、柔らかいものだけを求める歯である（一〇・三五）

何事も自分に都合のいいようには起こりません。子どもは助けてくれどころか、私の子どもだけは助けてほしいと願う親がいるかもしれません。多くの子どもを亡くしたアウレリウスも自分に降りかかる出来事を平静に受け止められなかったでしょう。

何かの出来事でなくても、他者も厄介な存在であることはこれまでも見てきました。「自分のすることを何でもほめよ」という人は、他者が自分の期待を満たすために生きていると思っているのですが、そんなはずもなく自分の考えに反対する人は当然います。

自分に起こり織り込まれたもの（運命）を愛し、歓迎すること（三・一六）

ドイツの哲学者ニーチェは、運命愛という言葉を使っています。

「人間の偉大さを表す私の公式は運命だ。何ごとも他のようであると思わないこと、未来においても、過去においても、永遠の全体においても。必然的なことを耐えるだけでなく、それを隠しもしない。あらゆる理想主義は必然的なことの前では虚偽だ。そうではな

く、必然的なものを愛すること」（*Ecce Homo*）

ニーチェによれば、この世にあるものはすべて必然的にそのようであり、今あるのとは他のあり方をしません。これを未来永劫にわたって繰り返すのです。アウレリウスも、次のようにいっています。

すべてのものは永遠の時から同じ形で永劫回帰する（二・一四）

しかし、起こることのすべては正しく、それを受け入れ、さらに愛せというアウレリウスの考え、運命をそのまま受け入れようというニーチェの運命愛の考えに私は抵抗を感じます。我が身に降りかかる不幸がすべて正しく起こるとはとても思えません。もしも自分の身に起こることがすべて「自然に即して」「正しい」とするならば、不幸で理不尽な出来事は起きず、悪も存在しないはずだからです。そういうことが事実起きたとしても、意味があることになります。

進んで運命に自分を委ねるとはどういうことなのか。アポロンの子どもであるとされる名医で、後に医術の神となったアスクレピオスの処方との類比で、アウレリウスは次のように説明しています。

「アスクレピオスは、この人には乗馬、あるいは冷水浴、裸足であることを処方した」といわれているが、次の言葉も同じような意味である。「万有の自然はこの人に病気を、あるいは、不具を、また喪失を、あるいは何かそのようなものを処方した（割り当てた）」。

なぜなら、前者の場合は、「処方した」というのは次のようなことを意味するからだ。「この人にこれを健康に寄与するものとして割り当てた」と。後者の場合は、「各人に起きたことは運命に寄与するものとして割り当てられたのである」（五・八）

「起きる」（symbainein）には「しっくり合う」という意味があります。城壁やピラミッドの四角な石がある構成の中で調和してはまっていると職人たちがいうようにです。

総じて、一なる調和があり、すべての物体から宇宙がこのような（調和がある）ものとして作り上げられたように、運命はあらゆる原因から、そのような原因に作りあげ

られているのだ（五・八）

自分の身に何かが起きた時、「運命がこれを彼にもたらした」という言い方をすることがあります。処方されたのです。だから、アスクレピオスが処方したもののように運命を受け入れようではないかとアウレリウスはいいます。

たしかにその中には苦いものは多い。しかし、健康になることを希望するので喜んで受け入れるのである（五・八）

アウレリウスは、自然にとってよいと思えるものが完成することを、健康と同じように考えなければならないといいます。

だから、起こることすべてを難儀なことに思えても喜んで受け入れよ（五・八）

そうすることが、「宇宙の健康」と「ゼウスの業の進捗と成功」につながるからです。

宇宙を管理する者をアウレリウスは「ゼウス」と呼んでいます。

ゼウスはこれが全体に益がなければ、誰かにもたらさなかったであろう。なぜなら、どの自然でも、それによって管理されるものに寄与しないようなものをもたらすことはないからだ（五・八）

問題は、個人の場合は、「苦い」処方であっても、それが健康に寄与することがわかり、健康になれるのであれば進んで医師に処方された薬を飲み、生活を改善する努力をするでしょう。しかし、「全体の益」をはたして個人の健康との類比で語っていいものかは考えなければなりません。

薬であればわかりますが、突然病で倒れることや生まれつき病弱であることが、また身体の不自由、さらに喪失（子どもを亡くすことなど）が自分にとってならまだしも、全体にとって有用であるから受け入れよといわれても、容易には受け入れることはできないのではないでしょうか。

個人的には受け入れ難いことでも全体の益になるからと受け入れることは困難であり、

受け入れてはいけないと私は考えます。

起こることは善なのか

自然に即して悪いものはない（二・一七）

起こることは、すべて正しく起こる（四・一〇）

この世界には摂理があって、起こることはすべて正しいのであれば、老いや病気、死、災害などはすべて意味があることになりますが、このように考えることは現状を追認することになってしまうのではないか。

自分にとってはただただ悲惨な出来事であっても、宇宙全体から見れば、何かしらの意味があると考えて受け入れる……はたして、そんなことができるのでしょうか。

たしかに、地震や津波を始めとする天災は、人間にはどうすることもできないことですが、原発事故は明らかに人災です。原発がなければ事故は起こらなかったからです。このようなことについても、これらが起こるべくして起こったと考えてしまうと、為政者にとっては都合がいいことになります。このことについては、最後の章でもう一度取り上げます。

個人的なことについていえば、それまで健康にあまり留意してこなかった人が病気になったことを契機として生活を改めるようになるとすれば、それが善であるといえるかもしれません。生活習慣のみならず、価値観を見直す人もいるでしょう。それまでは仕事のためだけに生きてきた人が、病後は仕事よりも大切なことがあることに気づき、仕事だけのために生きるのをやめるというようなことです。

しかし、病気になってよかったとか、病気になることにも何か意味があったと思えるようになるのは、回復することが前提となっているからです。もしもそのまま病気が悪化し死ぬようなことがあれば、病気になってよかったとはなかなかいえないでしょう。

次章では、アウレリウスが死についてどう考えているかを見てみましょう。

第十一章

死について

生きることは苦しく、この世に生まれてきても「客人の一時の滞在」（二・一七）でしかなく、自分がこの世界で生きたことはすぐに忘れ去られてしまいます。自分もまた今生きて感じたり考えていたことのすべてを忘れてしまい、それどころか自分が無になるのではないかと思った時、私は生きることが虚しくなってしまいました。弟、祖母、祖父が一年内外で立て続けに亡くなった時のことです。全編に無常感が漂《ただよ》う『自省録』を読むと、その頃のことが思い出されます。

死は「それぞれの生き物がそれから合成されている元素への解体」（二・一七）であると考えていたアウレリウスは、魂の不死を確信していたわけではないようです。アウレリウスにとって、死は切実な問題でした。今日の政治家は自分は安全圏にいながら国を守らなければならないと勇ましいことをいいますが、アウレリウスは打ち続く戦乱の中で自ら前線に赴き、そこで多くの兵士の死を目の当たりにしました。アウレリウス自身も常に死と隣り合わせだったはずです。また、家族の死を目の当たりにしてきたので、自分自身の死をも強く意識していたでしょう。

死なない人はいない

あらゆるものは本性的に死ぬものである（一〇・一八）

「あらゆるものは本性的に死ぬものである」ということは、誰もが知っているはずです。それにもかかわらず、どこか自分だけは死なないと思っている人は多いでしょう。むしろ、そう思っているからこそ、生きられるともいえます。プラトンは、「人は静謐の中で死ななければならない」とソクラテスに語らせていますが（『パイドン』）、最後の最後まで死にたくない、生きたいと思うのがむしろ当たり前のことで、この世への執着を持ってはいけないというようなことをいう人がいれば、死にゆく人の気持ちがわかっていないように思います。

他者の死はわかりません。生きている限り、誰も自分自身の死を経験することはできないからです。死がどういうものかは、他者の死を見て想像する他はありません。

しかし、他者の死と自分の死では決定的に違います。他者は死ねば私たちが生きている世界からいなくなります。その意味で、他者の死は「不在」ですが、他者がこの世界にいなくなっても、世界がなくなるわけではありません。

他方、自分が死ねばどうなるかは、死んで生還した人が誰もいないのでわかりません。しかし、一つの可能性としては、アウレリウスも考えていたように、死ねば無になり自分が生きていた世界も消失します。

不在の感覚は受け入れるのが容易ではありません。私は今朝目が覚めた。しかし、死んだ人は今後ずっと目が覚めることがない。ついこの間まで一緒にいた人は一体今どこにいるのか。この世界ではないことはたしかです。

この世界ではないとすれば、この世界にいる限り死んだ人には会えないということです。三木清が次のようにいっています。

「仮に私が百万年生きながらえるとしても、私はこの世において再び彼等と会うことのないのを知っている。そのプロバビリティは零《ゼロ》である。私はもちろん私の死において彼等に会い得ることを確実には知っていない。しかしそのプロバビリティが零であるとは誰も断言し得ないであろう、死者の国から帰ってきた者はないのであるから。二つのプロバビリティを比較するとき、後者が前者よりも大きいという可能性は存在する。もし私がいずれかに賭《か》けねばならぬとすれば、私は後者に賭けるのほかないであろう」（『人生論ノート』）

三木がいうように、死んだところで死者と再会できるとは限りません。しかし、そのプロバビリティ（確率）がまったくゼロかといえばそうとはいえません。確実なことは、この世にいる限り、決して死者と再会できないということです。

「私にとって死の恐怖は如何にして薄らいでいったか。自分の親しかった者と死別することが次第に多くなったためである。もし私が彼等と再会することができる——これは私の最大の希望である——とすれば、それは私の死においてのほか不可能であろう」（前掲書）

死別した人たちと再会することが最大の希望であるという三木にとっては、死者と再会するのであれば、自分の死に賭けるしかないのです。

叶わない望みだとわかっていても、できるものならもう一度会いたいと思わなかった人はいないのではないかと思います。

「不在」という言葉もあまり適切でないかもしれません。人は誰もが他者とのつながりの中で生きています。自分と他者は別人格ですが、もののように、近くに、あるいは遠くに置かれているけれども、互いに何の関係もないというのではなく、たとえ物理的には遠く離れていても近くに感じられる人と、反対に、物理的には近くにいても遠くに感じる人がいます。なぜある人との関係は遠く、別の人との関係は近く感じられるかというと、人と人はもののように無関係ではなく、関係があるからです。

近い関係の人であれば、自分がもはや相手を知る前の自分ではないと感じることもあります。新約聖書に、次のような言葉があります。

「生きているのはもはや私ではない。キリストが私の中に生きている」(『ガラテヤの信徒への手紙』)

これは初期キリスト教の使徒であるパウロの言葉です。私の中にあるキリストが私を生かしているという意味です。

パウロは初めはイエスの信徒を迫害していましたが、ある時、突然天から強い光が差して「なぜ、わたしを迫害するのか」というイエスの声を聞きました。絵画では天からの光を受けて馬から落ちた姿が描かれます。こうして、パウロは回心しましたが、パウロは回心の前と後とでは同じ人のままでいることはできませんでした。

宗教的な体験でなくても、誰かを愛する時も、これと似た経験をします。もはや私が生きているのではないとまで思わなくても、私はもはや一人で生きているのではないとは思うでしょう。誰かを愛する前と後で何も変わらないのであれば、愛していないのと何の違いもないことになります。

このような二人が死によって分かたれたら、不在ではすみません。自分の一部が失われる、さらにいえば自分の一部が死ぬのです。

同じことは、死者にとってもいえます。死者が何らかの仕方で存続すれば、死者がいる世界においては、死者にとって生者は不在だからです。

他方、自分にとっての死がどういうものかは誰にもわかりません。しかし、一つの可能性としては、死は無になることであり、自分が生きていた世界も自分と共に消えてしまいます。もしも死が無になることであるとしたら、死を前にどう生きていけばいいか、アウレリウスがどう考えたか少し後で見ます。

自然の神秘

死は出生と同じく自然の神秘である（四・五）

子どもが生まれてきた時、それを手放しで喜べない人もいるでしょうから、誰もが子どもの誕生を喜ぶと一般化することはできませんが、どんな状況で生まれる子どもでも顔を見ただけで心が躍り、知らずして笑顔になります。人が死ぬ時、それを喜ぶことはなく、悲しみにくれるのと対照的です。

死も出生と同じく、選択の余地がない（一二・一二三）、この宇宙で起きる自然の事象であると考えれば、死を恐れることも悲しむこともないでしょう。

生を悲しまないように、死を悲しむことも恐れることもないと書きましたが、生まれてくることが苦しいことだと考える人もいます。子どもが生まれてきた時には、親も子どもも今後どのような人生を生きることになるかわかりません。それは未来は「未だ来らず」というより「ない」からか、自分を待ち受けている運命を知らないからということかもしれません。

どちらであっても、人生で何が起こるかを知ることはできません。その上、何をもって苦しいというのかも自明ではないので、これから生きる人生について、初めから苦しいと決めることは本来できないはずです。

ギリシアの七賢人の一人、アテナイの政治家であるソロンに、莫大な富で知られていたリュディア王国の王、クロイソスが「あなたが会った人の中でもっとも幸福な人は誰か」とたずねました（ヘロドトス『歴史』）。クロイソスは自分の名前があげられるだろうと思っていたのですが、ソロンは幸福な人として、クレオビスとビトンの兄弟の名前をあげました。

ある時、兄弟は、ヘラ女神の祭礼に母親を連れて行こうとしました。その際、母親を牛車に乗せて神の社《やしろ》に行くはずだったのですが、畑仕事の都合で牛が間に合わず、二人が牛車を引いて社まで母親を連れて行きました。

母親は親孝行な息子たちに、人間として得られる最善のものを授けてほしいと神に祈ったところ、犠牲と饗宴《きょうえん》の行事が終わった後、社の中で眠った二人は再び目を覚ますことはありませんでした。

親孝行をした子どもにとっての最上の運が早世だというのは納得し難いですが、ソロンがクロイソスに語った「人間は生きている間にいろいろと見たくもないものを見なければならず、遭いたくもないことにも遭わなければならない」といっているのは、たしかにそうかもしれないとも思います。

プラトンは次のようにいっています。

「どの生きものにとっても、生まれてくるということは、初めからつらいことなのだ」

（『エピノミス』）

ギリシア人にとっては、生まれてこないことが何にもまさる幸福であり、次に幸福なのは、生まれてきたからにはできるだけ早く死ぬことでした。

このようなギリシア人の死生観を知ると、死が悪であるというのは一つの思い込みであると考えないわけにいきません。

しかし、他方生まれてくること、生きることがただただ苦しいことであるかというと、それも自明ではありません。

長崎で被爆した作家の林京子《はやしきょうこ》は次のようにいっています。

「十四、五歳で逝《い》った友人たちは、青年の美しさも、強く優しい腕に抱かれることもなく、去っていったのである。恋する楽しさ、胸の苦しさを、味わわせてやりたかった」(『長い時間をかけた人間の経験』)

もちろん、恋愛が必ず成就するとは限りません。失恋の苦しみは「恋する楽しさ」を凌駕します。それでも、苦しみも生きていればこそ経験できるのです。

幼い子どもを残して若くして逝った私の友人は、娘が成人するのを見届けなければ、死んでも死に切れないといっていました。子どもの、そして自分の人生がどうなるかはわかりません。

同じことは死についてもいえます。それがどのようなものであるかは誰にもわかりません。どういうものかわからないものに不安を感じることはあっても、恐れることはないのです。生も死もそれ自体では善とも悪ともいえない善悪無記のものであるとアウレリウスがいっていることについては先に見た通りです。

今後どのようになるかはわからないとしても、それでも今生きていることは与えられた事実なのであり、そのことを喜んでいけない理由はありません。

死ぬとは何か。死そのものだけを見て、理性で分析することで死に連想されるものを取り除けば、もはやそれが自然の営《いとな》み以外の何かと考えなくなるだろう。自然の営みを恐れるのなら、子どもである（二・一二）

死をただ自然の営みと見て、そこに「死に連想されるもの」を付け加えなければいいわけです。人が死という表象に判断を加えないか、正しく判断しなければなりません。

「自然の営みを恐れるのなら、子どもである」は、プラトンの『パイドン』にある次の一節が念頭に置かれています。

「おそらく、我々も我々の中にもそのようなことを恐れる子どもがいる」

しかし、死を生の営みと見ることができずに恐れるのは、むしろ、大人かもしれません。

活動、衝動、判断の停止は休止であり、いわば**死**だが悪ではない。**今度は人生の時期**に**目を向けよ**。**幼年期、少年期、青年期、老年期**。これらの**変化**もすべて**死**だ。しかし、**怖く**はないだろう。**今度は**、**祖父**のもとでの、**次に母**のもとでの、さらには**父**のもとでの**生活に目を向けよ**。**多く**の**他**の**消滅、変化、停止**を、**自分に問え**。「**怖く**はないだろう」と。かくて、**お前の全生活の停止、休止、変化も恐い**ものではない(九・二一)

死を**蔑**《ないがし》ろにせず、それも**自然の欲**するものの一つと**考えて受け入れ**よ。**若く**あること、**老い**ること、**成長**すること、そして**盛り**であること、**歯、髭、白髪**を**生**やすこと、**子種**を**授け**ること、**妊娠**すること、**分娩**すること、**他**にも**人生**の**時節**がもたらす**自然の営み**、そのようなものとして**崩壊**すること(**死**)もあるのである(九・三)

アウレリウスはここでも死を自然の営みの一つと見ています。しかし、老いることを自然の営みと見るのも簡単なことではありません。歳を重ねると身体機能が衰え、そのため病気になることも増えます。容色が衰え、物忘れがひどくなることもあります。

「老化」はただ老いへの変化でしかないはずなのに、老いることは衰えであると否定的に見てしまうのです。死についてアウレリウスがいっている言葉を使えば、老いに連想されるものを取り除けばいいのです。

反対に、幼年期、少年期から青年期への変化を衰えと捉える人は多くはないでしょう。早く大人になれば、子どもの頃にはできなかったことができるようになるからであり、身体もその欲求を満たすために成長していきます。

もっとも、身体的な成長とは別に、何をするにも責任が伴うようになるので、自分では何も決めなくてもよかった、したがって、責任を取る必要がなかった子ども時代に戻りたいと思う人はいるでしょうが、青年期への変化を否定的に捉える人は少ないでしょう。

死も生からの変化でしかありません。それなのに、否定的な連想をしてしまうのです。歳を重ねたり、病気になると多くの活動が制限されるようになりますが、死ねば知的な活動も含めて、あらゆる活動が停止してしまうからです。しかし、アウレリウスは死も自然の営みであり、変化でしかないと考えるのです。

幼年期、少年期、青年期、老年期という変化、また住む場所が変わることは、時に環境など大きな変化を伴いますし、年齢的なことでいえば、子どもの頃の自分と歳を重ねてからの自分は外見だけをとっても大きな変化がありますが、それにもかかわらず、別人になるわけではありません。

死を老年期の次の（もちろん、老年期を迎えず死ぬこともありますが）時期に位置づけたり、死を棲家を変えることに喩えると、死という身体の変化の後もなお「私」（魂）が存続することが暗黙の前提になっているように読めます。

「休止」という言葉に注目する研究者（Farquharson）は、死は複縦線（double bar）かもしれないが、音楽は止まるのではなく、また始めるためにただ休止していると指摘しています。

死を蔑ろにしない

そうであれば、死に対して粗雑な、あるいは、性急な態度や傲慢な態度を取らず、自然の営みの一つとして待つこと、また、お前の妻の胎内から胎児が出てくるのを待つように、お前の魂があの容れ物（肉体）から脱落する時を迎えるのが、思慮を備えた

人間にふさわしいことである（九・三）

「魂があの容れ物（肉体）から脱落する時」というとネガティブな連想をしてしまいます。ただ、魂が身体から離れていくだけです。

「死に対して粗雑な態度を取る」というのは、死に無関心であることです。性急な態度というのは、軽々に自殺すること、侮蔑的な態度というのは、自分だけは死ぬはずはないと思っているとか、死については少しも考えない、考えたくもない人のことです。

ここでアウレリウスは、死を子どもが母親の胎内から生まれてくることに喩えています。時が満ちれば自然に生まれるように、死は肉体から脱落することであり、その時を迎えるのが思慮を備えた人に相応しいといっていますが、後に見るように、精神能力の衰えを恐れる人が自殺するのを認容していることと齟齬《そご》があるように思います。精神能力が衰える前に自殺するのは、死に対して粗雑な態度を取ることではないでしょうか。

死は自然の営みを益する

アウレリウスは変化について、次のようにいっています。

誰かが変化を恐れているだろうか。変化なしで何が生じるだろうか。万有の自然にとって何がより好ましく、より本来的か。木（薪）が変化しなければ、お前自身も入浴できないではないか。食べたものが変化しなければ、栄養を摂れないではないか。その他何か有益なことを成し遂げることができるか。されば、お前が変化すること自体も同じだ。万有の自然にとって同様に必要であることを見て取れないか（七・一八）

「誰かが変化を恐れているだろうか」というのは、お前は変化を恐れているのではないかとアウレリウスは自分に問うているのです。

先に私は老いも死も変化であり、しかもただ変化することであり、そこに否定的な意味を込めないと書きましたが、アウレリウスは変化を好ましいものと見ています。「お前が変化すること」というのは、死ぬことです。

しかも、死は自然の営みであるばかりか、自然を益するものでもある（二・一二）

先の引用にあったように、死は各人にとって、また各人がその一部である万有の自然、全体（宇宙）にとって悪ではなく、益をもたらすとアウレリウスはいっています。自然を益するというのは、部分の死によって全宇宙が若く盛りであり続けるということです（一二・二三）。そういわれても私は納得できません。

すべてのものが変化によって生じることを絶えず観察し、万有の自然は現にあるものを変化させ、同じ類の新しいものを作り出すことほど好むものはないと考える習慣をつけよ（四・三六）

自然は変化を好むというのです。人が死ぬことは個人にとっても変化ですが、万有の自然をも新しくするわけです。

（行為の停止の）時期と限界を決めるのは自然である（一二・二三）

老年の場合は、時にこれを決めるのは個人の自然のこともありますが、人がいつ死ぬかは、自然が定めるので、人間には選択の余地がありません。
時期と訳しましたが、ギリシア語のカイロスは「好機」「然るべき時」という意味でもあります。もっとも、本人も家族も死に好機があるとは思えないでしょうが。

全体に有益なものは、すべていつも美しく時宜に適《かな》っている。したがって、生命の停止はもしもそれが選択の余地がなければ醜いものでもないので、各人にとって悪ではなく、全体にとっても悪ではない。むしろ、全体にとって時宜に適い、益をもたらし益をもたらされるのであれば、善である（一二・二三）

全体にとっての善は各人にとっても善であるとアウレリウスは考えるのですが、なかなかこんなふうには考えることはできません。

死がどんなものであっても

なすべきことをする時に、寒さで震えているのか、暖まっているのか、半ば眠ってい

るのか、十分寝足りているのか、人から悪し様にいわれているのか、よくいわれているのか、死につつあるのか、他の何かをしているのかで違いを作るな。なぜなら、我々が死ぬことも人生の営みの一つだからだ。それ故、その時も現に目の前にあることを正しく処理することで十分だ（六・二）

何があっても、たとえ、死に瀕していても、なすべきことをする時に態度を変えてはいけないとアウレリウスはいいます。「なすべきこと」というのは、別のところでは「義務」と言い換えられています。

自分が目下どんな状態であっても、今するべきことがある時に態度を変えないのは難しいと思う人もいるかもしれません。気分が安定しない人がいます。朝から不機嫌でむやみに当たり散らす上司は傍《はた》迷惑です。当たり散らさなくても不機嫌そうにしている人を見ると、周りはその人に気を遣ってしまいます。上司だけではありません。「周りに気を遣わせるな、甘えるな」と部下を一喝する上司が登場するドラマを見たことがあります。

機嫌が悪くなくても、疲れているように見える人がいます。そのような態度を取ることには目的があるとアドラーならいうでしょう。疲れているという人には責任のある仕事を任することはできません。責任を伴う重要な仕事を任せられないために疲れているように見せるのです。

私は私自身の義務を果たす。他のことは私の気を逸《そ》らさない（六・二二）

なすべきこと、義務というのは、皇帝としての義務だけではないでしょう。人間としてふさわしいこと、また、自然に従って正しく生きることです。

死についても同じことがいえます。死は何か特別なことではなく、他のことと同様人生の営みでしかないので、自分の状態とは関係なしに、なすべきことがあればしなければならないように、死が間近に迫っていようがいまいが、自分がするべきことを果たしていくしかないということです。

身体の不調、苦痛があれば義務をなすといっても、現実的には困難ですが、死が近いからといって、死の恐れから逃げるために、先のことを考えて不安にならないように我を忘れようとすることが望ましいわけではありません。

魂がいよいよ消滅するのであれ、離散するのであれ、存続するのであれ、解かれなければならない時に、覚悟ができている魂は何と素晴らしいものか。しかし、この覚悟は、自分自身の判断でなされなければならない（一一・三）

死を前にする覚悟は、死がどういうものかには関係ないということです。自分自身が死ねばどうなるかはわかりません。大事なことは、死がどんなものであっても、たとえ無になるとしても、生きている時の態度、生きる姿勢が変わるのはおかしいということです。

死に至るかもしれない大病をすれば、食欲がなくなるので、実際にはありえないことかもしれませんが、余命が幾許《いくばく》もないので、好きなものを腹一杯に食べるというようなことはしないということです。

先にアウレリウスは死を元素への解体と見、魂の不死を確信していたわけではないと書きましたが、少なくともここでは、魂が死後も存続することを一つの可能性としてあげています。魂の不死を信じていた、少なくともその可能性をまったく考えていなかったのではないように見えるのですが、「覚悟」しなければならないといっています。

次に、覚悟は自分自身の判断でなされないといけないということです。生きている限り、死がどのようなものかはわかりません。しかし、死がどんなものであれそれを受け入れよう、死がどんなものであるかに関係なく、自分の義務を果たし、「解かれなければならない時」の覚悟をするのは、自分が判断して決めるのでなければなりません。他の人に促されたり、熱狂に駆られて進んで死を選ぶのではなく、理性的に判断しなければなりません。

余得として生きる

すでに死んでしまった者のように、今までに生を終えてしまったもののように、今後の人生を自然に即し余得として生きなければならない（七・五六）

私は五十歳の時、心筋梗塞で倒れましたが、幸い一命を取り留めることができました。入院中、夜、眠れないので、睡眠導入剤を処方してもらいました。飲むとすぐに眠れるようになりましたが、薬を飲んだらもはや二度と目が覚めないかもしれないと思うと、今度はその恐怖のためにその薬を飲めなくなりました。そこで、薬をベッド脇のテーブルに置いて、飲むべきかどうか長く考え込んでしまうことも度々ありました。

しかし、やがてそんなことを思わないですむほど順調に回復した私は、昼間検査などがない時には、ベッドで身を起こしてパソコンで原稿を書いて過ごしました。

そんな私に主治医がある日こういいました。

「本は書きなさい。本は残るから」

本は残るけれども私は残らないという意味に取れますが、本が書けるくらいには回復すると約束されたということでもあるので、退院後はどう生きようか思い描くようになりました。

実際、退院後の予後はよく、外での仕事は制限しなければなりませんでしたが、家の中で本を書く日々を送れるようになりました。こうして、退院後の人生は、私にとって余生であり、アウレリウスの言葉を使えば「余得」としての生になりました。

その後、体調はさらによくなりましたが、父が認知症を患っていることがわかったため、平日はもっぱら私が父の介護をすることになりました。本を書くのも難しくなりましたが、外での仕事を制限していたおかげで晩年の父と毎日過ごすことができたのは、ありがたいことでしたし、そもそも生き長らえたので父の介護ができたのですから、これもまた私にとっては余得でした。

今は、何か自分にできることがあるとすれば本を書くことだと思って、毎日原稿を書いています。

「すでに死んでしまった者のように」生きるというのは、言葉としては大仰《おおぎょう》に聞こえますが、死なないで生きていることを原点に考えれば、何でもありがたく思えます。

身体の具合をさほど気にしないでいられるほど健康を回復してからも、今日も一日生きたと思い、次の日、朝目が覚めた時、これは「余得」だと毎日を新しい人生として生きることができるようになりました。

心穏やかに死ぬ

死にゆく時に、幾人かの者が今起こっている不幸なことを喜んで傍《そば》に立っているということがないほど幸福な者はいない。彼が立派で賢い人だったとしよう。最期になって、こう独語する者が誰かいるだろう。「我々はこの『先生』から解放されて一息つけることだろう。彼は我々の誰にもつらく当たったりはしなかった。しかし、私は彼が無言で我々に断罪していることを感じていた」。これは立派な人の場合だ。だ

が我々の場合、我々から解放されたい者が多くいる理由が他にどれほど多くあることか。されば死にゆく時このことを思い、他ならぬ自分がこれだけ懸命になり、祈り、気遣った仲間たちさえもが私の去ることを欲し、そこから何か別の解放感が生じることを希望しているという、そのような生から私は出るのだということを考えれば、容易にこの世から去っていくことになるだろう。とすれば、なぜこの世にこれ以上長く留まることに執着するだろうか（一〇・三六）

誰か「自分がこれだけ懸命になり、祈り気遣った仲間」に裏切られるという経験をしたことがあったのかもしれません。自分を利用しようとする人、それどころか、自分が死ぬことを待ち望んでいる人がいるかもしれないと思うと、生きることが虚しくなり、絶望的な気持ちになります。

「立派な人の場合」とアウレリウスは書いていますが、アウレリウスは自分のことを無言で断罪する人がいることを知っていたのでしょう。賢帝と呼ばれるような皇帝であっても、あるいは、そのような皇帝であったからこそ、優能なアウレリウスは周囲の人から煙たがられたり、劣等感を抱かせたりすることがあったのでしょう。

教えを受ける立場にいる人は何も知らなくても当然なのに、間違いを指摘されたら「こんなこともできないのか」とたとえ面と向かっていわなくても、教師が自分を駄目な学生（生徒）だと断罪しているのではないかと思うことがあります。教師から期待されているような結果を出せなかった時にとりわけそう思います。

教師の元へ行くように、哲学へ帰るな（五・九）

教師は煙たい存在です。同じことは、職場の上司と部下との関係においても起こります。そこで、間違うこと、失敗することを恐れて課題に取り組まなくなっては困るのですが、教師や上司の立場からいえば、間違いを指摘するのは駄目な学生や部下だと非難したからではなく、知識を身につけてほしいからなのです。

このくだりを読んで、私はプラトンが『饗宴』の中でアルキビアデスに語らせている言葉を思い出しました。アルキビアデスは、恥ずかしい気持ち、つまりいまだわが身に多くのものを欠きながら、それでいて、自分自身のことはそっちのけにして、アテナイの国事に携わっていることをソクラテスは否応なく認めさせるに違いないと恐れました。そして、いっそのことソクラテスがこの世にいなくなったのを見れば、その時はどんなに嬉しいだろうとまで考えたのです。もちろん、それはアルキビアデスの本心ではありませんでしたが。アルキビアデスが語る気持ちは、若いプラトン自身のものだったのでしょう。

死ぬ側からいえば、自分が死ぬことを欲する人がいるのを知るのは嬉しいことではありません。しかし、そう思われてまでこの世に留まることに執着しないというのは、死を前にしての正しい態度とはいえないのではないでしょうか。

そう思って先の引用の続きを読むと、アウレリウスは次のように書いていました。

しかし、だからといって彼らへの**好意**を**減**らして**去**って行くのではなく、**自分の固有の性質を保持**して**友好的**で**親切**で**心穏**やかに**立**ち**去**れ。**安**らかに**死**ぬ**人**の**場合魂**が**肉体**からやすやすと**抜**け**出**すように、彼らからのお前の**離別**もそのようなものでなければならない。なぜなら、**自然**がお**前**を**彼**らに**結**びつけ**一緒**にしたからだ。しかし、**今**や**自然**が**解**き**放**つ。**私**は**身内**の**者**からのように**引**き**離**されるが、**引**きずられ**強**いられてではない。なぜなら、**死**も**自然**に**従**ったことの**一**つだから（一〇・三六）

自分が死ぬことを望んでいるような人がいることを知って、今わの際《きわ》に心を煩わせるのは無用なことです。アウレリウスは彼らへの自分の思いを吐露した上で、友好的であることをやめないというのです。

「自然」が自分をよく思わない人と結びつけ一緒にしたとアウレリウスは考えています。仏教に「怨憎会苦《おんぞうえく》」（恨み憎む人と会わなければならない苦しみ）という言葉があるように、周りに自分を支持し、よく思ってくれる人ばかりいるとは限りません。それも、また自然が計らったことなのでしょうが、今や死ぬべき時にまで心を煩わせる必要はありません。

考えてみれば、これは死ぬ前に限ることではなく、いつでも持てる心構えです。アウレリウスも先に見てきたように、敵をも自分と同類だと考えて許してきたのです。

最後のところは、自分をよく思わない人から立ち去ることではなく、死そのものについて書いています。ギリシア語では「魂」は蝶《ちょう》という意味がありますが、強いられてではなく、蝶が蛹《さなぎ》から抜け出るように魂はやすやすとこの世界から離れていくというイメージでアウレリウスは語っています。

生きていることに価値がある

死についてのアウレリウスの考え方を見てきましたが、私には受け入れがたいことをいっています。

考慮しなければならないのは、**日毎**《ひごと》に**人生**が**費**やされ、**残**されたその**部分**が**少**なくなっているということだけでなく、この**上生**き**長**らえることができるとしても、**事物**の**理解**に、**神**々や**人間**のことを**知**るための**観照**に、これまでと**同**じように**耐**えられるかは**不確**かであることも**考慮**しなければならない。

というのも、**人**が**耄碌**《もうろく》し**始**めても、**呼吸**すること、**栄養**を**摂**ること、**表象**すること、**欲求**すること、**他**のそのようなことが**消**えるわけではないが、**自己**を**用**い、なすべき**義務**を**数**え**上**げ、**目**に**映**る**表象**を**綿密**に**吟味**すること、また、もう**自**らの**命**を**絶**つべきかというまさにそのことについて、さらに**訓練**された**思考**を**大**いに**要**する**事柄**について**熟慮**する**働**きが**先立**って**消**えてしまうからだ。

だから、**急**がねばならない。**刻**々**死**に**近**づいているからだけでなく、**事物**を**洞察**し**理解**する**働**きが**死**よりも**先**に**停止**するからだ（三・一）

死が迫っていることよりも、判断能力が失われていくことをアウレリウスは恐れているのです。

先にアウレリウスが生と死は善悪無記のものと考えているのを見ましたが、生と死は善とも悪とも決められないのでしょうか。私はアウレリウスの考えとは違って、生は絶対的に善であり、価値あるものと見る必要があると考えています。

そう考えなければ、生きることに価値がなく、悪である場合もあることになります。何か価値あることをできなければ、生きる価値はないと考える人は多いですが、そもそも、何をもって価値があるというのか、また、誰かがそれを判断してもいいのかどうか。考えなければならない問題は多々あります。

誰もが幸福でありたいと願うということについては先に見ました。幸福になるためには成功しなければならないと考える人は、生産性に価値がある、つまり、何かができることに価値があると考えています。そのために、早くから受験勉強に励みます。

問題は、誰もが成功できるわけではないということです。どれほど勉強しても、志望する大学や会社に入れるとは限りません。むしろ、思い通りにいかないことの方が多いかもしれません。

しかし、成功できなければ幸福になれないのかといえば、そうではありません。むしろ、成功しているのに少しも幸福であると感じられない人もいます。

なぜこんなことになったかといえば、人間の価値を生産性に求めているからです。どうして生きているだけで価値があると考えてはいけないのか。生まれたばかりの子どもは、自分では何もできませんが、生きていることがそれだけでありがたいと思うでしょう。それは子どものことであって、大人になれば生きているだけでは価値はなくなるのでしょうか。

私は誰でも生きているだけで価値があると考えています。幼い子どもが生きているだけで価値があるのであれば、大人も同じだと考えていけない理由はありません。

そのことに思い当たるのは、家族の誰かが病気になった時です。突然、病気や事故のために入院したという知らせを聞けば、取るものもとりあえず病院へ駆けつけるでしょう。その時、どれほど重体であっても、生きていればありがたいと思うでしょう。

私が心筋梗塞で入院した時、初めは病気のために入院し、仕事ができなくなったことで自分に価値がなくなったかのような気がしました。しかし、家族や友人が入院するようなことがあった時、生きていることがありがたいと思えるのであれば、同じことを自分について考えていけないわけではないと思いました。

親の看病や介護をしていた時に、とにもかくにも息をしていること、生きていることがありがたいと思いました。生きていることを原点に考えれば、どんなこともありがたいと思えます。

病気や高齢で何もできなくなった人は生きる価値がないのかといえば、そうではありません。人が何もできなくなった時に、自分は延命治療を受けたくない、家族に迷惑をかけたくないという思いからそのように決断する人がいます。

アウレリウスが判断能力が衰えることを恐れ、何も判断できなくなる前に命を絶つことを許容しているように見えるのは問題だと私は思います。

助けを受けることを恥じるな（七・七）

これは先にも引きました。アウレリウスは、戦場における任務遂行のために他者から助けを受けることを恥じるなといっていますが、生きるという仕事を成し遂げるためにも、他者から助けを受けるべきですし、そのことを迷惑だと考えることはありません。

自分についてではなく、他の人について、延命治療をしてまでも生きることには価値がないと判断することはさらに問題です。面と向かって、そのようなことをいう人はいないとしても、多くの人が寝たきりになって家族に迷惑をかけてまで生きることはよくないと思うようになれば、その世間の常識に抗うことは難しくなります。

自分の価値は何かができることにあるのではなく、生きていることにあると思っている人であれば、歳を重ねたり病気になって、次第に、あるいは突然、何かができなくなった時にも、自分の価値がなくなったとは思わないでしょう。今の時代、何かができることに価値があるという考え方がたとえ主流であっても、本当にそうなのか疑ってみる必要はあります。

人に迷惑をかけるからと自殺を否定する人がいる一方で、人に迷惑をかけたくないと思って安楽死、尊厳死を選ぶ人がいるのは痛ましいことです。

人に迷惑をかけてはいけないというのは間違いだと私は考えています。必要な時は他者の援助を求めなければなりません。そのことをアウレリウスがいうように、恥じる必要はありません。

いつか自分が他者の援助を必要とする日がくるだろうから、今は自分は援助する側に回ると考えてもいいのですが、そのようにギヴ・アンド・テイクとして病者の看病や介護を考えなくていいと思います。ただ看病や介護が必要な人にできる人ができる援助をするだけのことです。看護、介護をする側に立てない人が、そうされていけないわけではありません。

もはや生きるに価値があると思えなくなって命を絶つ人がいることは、その人の選択なのでそれを批判することはできませんが、このようなことが一般的な考えになることを私はいつも危惧《きぐ》しています。

アウレリウスは自然に従って生きるのが人間の義務だと考えています。そのためには正しく理性を働かせることが必要ですが、この人間の義務には他者と適切な関係を築くということも含まれています。

また、アウレリウスは、人間は協力するために生まれてきたともいっています。他者との関係の中に生き、他者に協力することで貢献することは、生まれたばかりの子どもも、病者も老人もできます。そうであれば、知的な能力が衰えるからといって、自然な死を待たずに自らの命を絶つ必要はありません。そうすることは、他者との適切な関係を築くという義務を放棄することになるのではないかと私は思います。

第十二章

今ここを生きる

人生の終わりに待ち構える、あるいは、死を意識している人であれば、いつも存在するといっていい死について考えてきましたが、何をしても死ぬのであれば何をしても虚しいと思わないで生きるためにはどうすればいいかを本章では考えてみます。

すべてのものは儚い

流動と変化は宇宙を絶えず新しくする。絶えることのない時の進行が無限の永遠を常に更新するように（六・一五）

宇宙も、そしてその中に生きる人間も変化し続けます。命に関わる病気を告知されたり、自然災害に遭うという経験をすると、明日という日がくることは自明だったと思っていたのに、昨日までの日常が突如失われることになります。

親孝行の息子たちに、人間として得られる最善のものを授けてほしいと神に祈った母親の話を先に見ました。彼らは神の社の中で再び目を覚ますことはありませんでした。

この母親が息子たちの死を神の恵みと思ったかはわかりません。しかし、親孝行の息子たちに神が与えた「人間として得られる最善のもの」が死であったことの意味はわからないわけではありません。幸福を一度得ても、失うことを恐れます。失うことを恐れていたら、いつまでも安心できません。そうであれば、幸福を凍結し、永久保存したらいい。そのように考える時、早世は神の恵みであると考えることができます。

　幸福なままに死ねば、幸福はその後に経験するかもしれない不幸によって帳消しになることはない。死ぬこと自体は怖いと思っても、今度何が起こるかわからないよりは、幸福の絶頂の今死ぬに如《し》くはなし、そう考える人がいても不思議ではありません。

　この親子のような特別な例でなくても、今のこの幸福が永遠に続けばいいのにと思う経験をした人は多いでしょう。しかし、そう思っても、明日という日が一体どんな日になるかは誰にもわかりません。今日は仲のよかった二人が明日は大喧嘩して別れることになるかもしれません。

　しかし、早世を神の恵みであると考える人は、いわば幸福を凍結し、永久保存したいのです。幸福の最中にある人は、死ねばその後に経験するかもしれない苦しみに遭わず、幸福なまま死ぬことができます。その意味では、死ぬことは幸福を完成させるようにも見えます。

しかし、神の采配によって死がよいタイミングで訪れるとは限りません。ギリシア悲劇では、ストーリーが行き詰まると作家が「機械仕掛けの神」（デウス・エクス・マキナ）を持ち出して、主人公を死なせるなどして問題を解決してしまうことがありますが、現実はそんなに甘くはありません。人生に行き詰まっても、なお生き続けなければならないのです。

もちろん、ただ手を拱《こまぬ》いていていいわけではありません。先にも見たように、権内にあることとないこと、つまり力が及ぶことと及ばないことがあります。しかし、あらゆることが、人間の力の及ばないことであるわけではありません。むしろ、自分の力で、変えられることまで変えられないと思うことの方が、問題といえます。

対人関係や災害のような外に起きることばかりではなく、老いたり病気になったりするのも変化です。医学が進歩したおかげで、かつては不治だった病気が今や治癒可能になったものもありますが、老化は依然不可逆的です。この不可逆的な変化を誰も避けることはできません。

しかし、老いというものを、ただ変化として見る人は少なく、衰えと捉えてしまう人が多いように思います。変化は変化であって、そこに判断を加えなければ、変化を受け止めることはできます。この老いについては、先のところでアウレリウスはただの変化と見ることはできなかったことを見ました。

忘却の中に

すべてのものは儚い。記憶するものも記憶されるものも（四・三五）

すべてのものは変化し、その中にあってすべてのものは忘れ去られます。『自省録』が今の時代に読まれることになろうとはアウレリウスには思いもよらなかったことでしょう。

死後の名声に夢中になる人は、彼を記憶する人も彼自身も速やかに死んでしまうとは考えもしないだろう（四・一九）

アウレリウスは名声の不朽を信じてはいませんでしたし、死後に名声が残ることを期待するようなことはなかったでしょう。

たいそう称賛されたどれほど多くの人が、今では忘却に委ねられてしまったことか。また、彼らを賛美したどれほど多くの人がこの世から去ってしまったか（七・六）

すぐにお前はすべてを忘れるだろう。そして、すぐにお前のすべても忘れられるだろう（七・二一）

死がどのようなものであるかは、誰にもわかりませんが、生きている今、わかっていることは、自分にとって他者の死は不在であるということです。つまり、生きていればもしも会おうと思ったらどれほど遠く離れたところに住んでいても会えないわけではありませんが、死ねばもはやどんな手を尽くしても会えなくなります。これが他者の死です。自分の死がどういうものかは死んでみないとわかりませんが、他者の死がこのように不在であるということ、そして、死がどのようなものであれ、それが別れであることはたしかです。

自分が生きていたことを、もはや誰も思い出さなくなるのではないかと不安に思う人は多くいます。自分がこの世からいなくなっても、世界は何事もなかったように進行します。そう思うと、死ぬことは本当に怖いと思うのです。

重松清《しげまつきよし》の小説にがんで逝った妻の話があります（「その日のあとで」）。彼女は自分が死んだら夫に渡して欲しいと手紙を看護師に託しました。死後、夫はその手紙を受け取りました。そこには、こう書いてありました。

「忘れてもいいよ」

私はこの話を思い出す時、自分をこの先に逝った妻の立場に置き、忘れてもいいと告げるのは覚悟がいることだと思います。

忘れてもいいといわれても、亡くなった人のことをいつまでも忘れられない人はいるでしょう。とりわけ、若くして子どもを亡くした親の悲しみは深く、容易に癒されません。

しかし、悲しみをいつか癒さなければならないのは、過去に囚われないで生きていかなければならないからですが、死んだ人のことを忘れないと生きていけないわけではありません。

忘れようとしなくても、やがて亡くなった人のことを思い出さなくなることはあります。しかし、先にも書いたように死んだ人はただこの世界からいなくなるというのではありません。いつまでも自分の中に生き続けます。そのことを自覚すれば、やがて喪失感から起きる悲しみは喜びに変わっていきます。

失うのは今だけ

たとえお前が三千年生きながらえるとしても三万年生きながらえるとしても、覚えておけ。何人《なんぴと》も今生きている生以外の生を失うのではないこと、今失う生以外の生を生きるのではないことを。だから、もっとも長い生、もっとも短い生も同じことだ。今はすべての人に等しく、したがって失われるものも等しい。かくて、失われるものは束の間のことであることは明らかだ。過去と未来のことを失うことはできないからである。持っていないものをどうして彼から奪うことができるだろうか（二・一四）

早世した人のことを思うと、道半ばで倒れたとか、もっと長生きしたかったであろうに無念だっただろうと考えてしまいますが、どれほど長く生きようと、今生きている生以外を失うのではなく、今はすべての人にとって等しいとアウレリウスはいいます。

時間は点の集まりでしかなく、長さはありません。先に引いた言葉をもう一度書くと、

人間の生の時間は点である（二・一七）

もちろん、日常の言葉としては「長い時間」といいますが、時間に長さはないので、人生についても、長く生きたとか、若くして亡くなった人についてもっと長く生きられたというようなことは本当はいえないのです。

死んだ人の歳を数えることがあります。もしもあの人が生きていたら、今は何歳というふうにです。しかし、生者にはそれが長い時間に思えても、死んだ人はもはや時間の中にはいないのです。

英語であれば、She has been dead for ten years という言い方をします。直訳すれば、「彼女は十年死に続けている」という意味になりますが、死者は無時間の中にあるので、その人が死んでから長い時間が経過したようでも、死者にとっては一瞬なのです。

無時間を生きている間に経験するのは容易ではありません。しかし、仕事はいつまでも

終わらず終業の時間ばかりが気になるのに、楽しい時は一瞬に過ぎると思えるのであれば、無時間の中で生きているのです。

私は冠動脈のバイパス手術を受けたことがあります。手術はかなり長時間にわたり、当然、全身麻酔を施して行われました。心臓を止め、人工心肺装置につなぐ大手術でしたが、手術の間のことを一切記憶していません。というよりも、手術の間の時間がまったく存在しなかったのです。麻酔が覚めるまで私は無時間の中にいたのです。寝ている時であれば、身体は一部起きているので、もう長く寝ているという感覚がありますが、全身麻酔中は、時間がまったくなく、ストンと幕が下ろされてしまったかのようでした。

アウレリウスは、同じことを生者についてもいえると考えているのです。

各人は今だけを生き、かつそれを失う（一二・二六）

次のことも覚えておけ。各人は束の間のこの今だけを生きている。それ以外はすでに生き終えてしまったか、不確かなものだ（三・一〇）

過去は「すでに生き終えて」しまって、もはやどこにもありません。未来も、誰にもどうなるかわからないという意味で「不確かなもの」です。明日何が起こるか想像したところで、その通りになることは決してありません。人は「束の間のこの今」を生きることしかできないのです。

後ろにある永遠の深淵を見よ。そして、前にあるもう一つの無限を見よ。この無限の中では、生まれて三日の赤子も三代にわたって生きた老人とでは何が違うのか（四・五〇）

後ろは過去、前は未来のことです。三代にわたって生きた老人というのは、ホメロスの『イリアス』に登場するトロイア戦争でのギリシア方の勇将ネストルのことです。過去にも未来にもあるのは深淵でしかなく、生まれたばかりの子どもも老人も生きられるのは「今」だけなので、どれほど長く生きたかは問題になりません。無限を考えれば、百年ばかりの歳月はわずかなものでしかありません。

束の間の人生だが

最初の方で引いたアウレリウスの言葉を今一度引きます。

人間の生の時間は点であり、その実体は流動し、感覚は混濁し、肉体全体の組織は容易に朽ち、魂は渦巻きであり、運命ははかりがたく、名声は不確実だ。要は、肉体に関わるすべては流れであり、魂のそれは夢であり、妄想である。人生は戦いであり、客人の一時の滞在である、後世の評判は忘却である（二・一七）

万物は流転し、何が起こるか測り難い人生であっても、人生で経験することは目を瞑《つむ》っていたらいつの間にか終わってしまうというわけにはいきません。すべては忘れ去られるとしても、人生は戦いだとアウレリウスがいうように、楽々と過ぎ去ることはなく、安定したものではなく、生きることは苦しいのです。

たちまち去ってしまう人生を「夢のようだ」という人がいます。哲学者の森有正《もりありまさ》が、「ある七十以上になる老人」がしみじみ語ったという言葉を引いています。

「七十年！　夢のように経ってしまいますよ。のこるのは若い時のなつかしい回想だけです。青春は短いなどと言っているが、短いどころではない、あっという間に過ぎ去ってしまいます」(『バビロンの流れのほとりにて』)

森は「この老人の言葉は実感から出ていると思う」といっていますが、たしかにそう感じる人はいるでしょう。福永武彦《ふくながたけひこ》が、この「夢のようだ」という表現について、次のようにいっています。

「夢のようだという表現は、恐らくは流れて行く時間の早さを示すために、人類とともに古くからあったのかもしれない」(『夢のように』)

福永は、この人生の夢の部分は「燃え尽きた時間の灰」にすぎないといいます。

「その灰は刻々に冷たくなり、次第に形を失い、忘れられ、遂には風に吹かれるがままに四散して、あとには何も残らなくなる」(前掲書)

だから、「夢のようだ」という表現は、人生の儚さをも示すと福永はいい、織田信長《おだのぶなが》が桶狭間《おけはざま》の出陣を前に歌って舞った幸若舞《こうわかまい》の「敦盛《あつもり》」を引いています。

「人間《じんかん》五十年、下天《げてん》の内をくらぶれば夢幻《ゆめまぼろし》の如くなり」

「人間」は「人の世」という意味です。人の世の五十年は、天界での時の流れに比べたら夢幻のようだというのです。

「人生が一つの夢だということを真に悟りさえすれば、信長でなくても、その人間には何一つ恐れるものはない筈である」（前掲書）

お前自身はこれまでどれほど多くの変化に出会ってきたことか。そのことを絶えず考えよ。宇宙は変化であり、人生は思い込みだ（四・三）

アウレリウスも、絶えず変化していく世界の中にあって、自分が苦悩を作り出していることを知り、何があっても「夢のようだ」と言い聞かせているように見えます。

毎日を最後の日のように生きる

すべての行為を生の最後の行為のように行う（二・五）

別のところでは、アウレリウスは、もう少し具体的に「今この世から立ち去ることができる者のように、どんなことでも行い、語り、考えるようにせよ」（二・一一）

といっています。

歳を重ねると、桜を見るのは今年が最後かもしれないというような思いがよぎることがあります。『自省録』を読むと人生の無常を感じないわけにいきませんが、アウレリウスのいう「今この世から立ち去ることができる者のように」生きるということの主眼は、今できることの最善を尽くすことにあります。残された時間が少なく、いつ客人としての「一時の滞在」期間が終わるかわからないからこそ、先にも引きましたが、

私は私自身の義務を果たす。他のことは私の気を逸らさない（六・二二）

といっているのです。

お前がこんな目に遭うのは当然だ。今日善くなるよりも、明日善くなろうとしているからだ（八・二二）

「こんな目」が何なのかをアウレリウスは書いていませんが、「善くなる」のであれば、

今日善くなろうとするしかありません。

今日自分がしたことが誰かを傷つけ、そのため自分の評判を落とすようなことであっても、明日修復すればよいと思って、今日という日に何もしないことはあります。明日は善くなろうと思っていても明日がこないかもしれません。明日はきても、何かの事情で関係を改善する機会を失うことになるかもしれません。

何かと理由をつけて人生を先延ばしにすることはありませんか。私はあります。明日できることであれば明日する、そして今日できることは今日するというのも一つの考え方ですが、その明日が確実にくるという保証がないのが問題です。

少なくとも、明日につなげるために今日できることをすることは可能です。宿題をしなければとか、レポートを書かなければと思いながらもなかなか着手できないことがあります。私の場合であれば、絶えず原稿を書いています。締切があってもなかなか書き始められないことがあります。何も書いていなくても、何を書くかを考えているので何もしていないわけではありません。焦ったりイライラするというのであれば、自分で決めた日までは一切手をつけないというのでもいいのですが、少しでも書いてみると、明日につなげられます。明日になればまた少し書いてみる。これを繰り返すと、いつの間にか原稿をたくさん書けたことに気づきます。

生きるのも同じで、明日ではなく、今日できることに着手すると、明日はどうなるかわかりませんが、人生が変わってきます。とにかく、明日という日がくることを当然だと思わないことです。

作家の安岡章太郎《やすおかしょうたろう》が心筋梗塞を病んだことがあるのを知って以来、安岡の作品を次々に読んでいた時期がありました。戦時中、陸軍に徴兵され、満州に送られましたが、胸部疾患のため内地送還されます。戦後は、結核性脊椎カリエスになりました。

安岡は療養中に寝床の中で腹ばいになり、枕元に原稿用紙を置いて文章を書き始めました。書いている間は、肉体の苦痛を忘れることができました。最初は、一日に二、三行しか書けませんでしたが、それでも毎日書いているうちに、いつの間にか書き上げた原稿がかなりの厚みになっていることに気づきました。

「そうだ、オレはこれを書くために、生きている」（『死との対面』）。

原稿用紙に自分から絞り出した言葉を書き付け、それをモザイクのように組み立てながら積み上げていったと安岡はいっています。

人生の原稿もこんなふうにいつの間にか積み上がるのでしょう。苦痛や死の恐れから逃れるために、何も考えないで、その時々をやり過ごすというのではなく、苦しい状況の中にあってもアウレリウスの言葉を使えば「義務」を果たしていくのが、今を生きることであり、今さえよければいいという刹那主義で生きることがいいとはいっていません。

人格の完全とは毎日を最後の日のように過ごし、激することなく、無気力にもならず、偽善をしないこと（七・六九）

後は野となれ山となれと、自暴自棄になるのでも、何をしてもどうにもならないと考えて無気力になるのでもなく、明日はどうなるかわからなくても、今日できることをするしかありません。

今日が最後だと思って、自分をよく見せようとするのも間違っています。昔、冠動脈のバイパス手術を受けた時に、執刀する医師から、「笑っていなくてもいい。怖いのではないか」と問われたことがありました。その医師の言葉を聞いて、手術前であっても平静でいるべきだと思い、そうすることで自分をよく見せようとしていたことに気づきました。医師は手術の成功を確信していましたが、どんな結果になるかは誰にも本当のところはわかりません。そのような状況で、自分をよく見せることには意味はありません。その時々に自分の感じていることに正直であっていいと思い、医師に「怖いです」といったら緊張が解けました。

今、始める

今を見た人は永遠の時から生じ、無限へと存在するであろうすべてを見てしまったのである。すべてのものは同類で同じ形だからだ（六・三七）

永遠の時から生じたのは「過去」、無限へと存在するであろうといわれているのは「未来」です。「今」を見れば、過去も未来もすべて見たとアウレリウスはいいます。

なぜなら、「すべてのものは同類で同じ形」だからです。ストア哲学では、すべてが決まっていて、同じことが繰り返されると考えます。

このような考えは私には理解し難いですが、人は同じ過ちを何度も繰り返すという意味であればわかります。

山本有三《やまもとゆうぞう》に『波』という小説があります。登場人物の一人が、後から後から押し寄せては砕けていく波を前に次のようにいっています。

私たち親がさんざん苦しんだのだから、もはやこんなことを子どもには経験してほしくないと思っていても、子どもたちは親が一生かけて経験したことを軽蔑して、打ち寄せる波のように、昔からほとんど変わることなく同じ過ちを繰り返してしまう。

「人間が生まれてから、もうなん万年、なん十万年たっているか知りませんが、この方面だけは、ちっとも進んでいないような気がします。自然のあゆみは緩慢だと言いますが、あんまり緩慢すぎやしないでしょうか。わたしのように考えるのは、せっかちなのでしょうか」（『波』）

親が一生かけて経験しただけで、そこから何かを学んだわけではありません。自分が若い時に経験したのと同じことを子どもたちがしているのを見て歯痒《はがゆ》く思っても、自分自身も経験から何も学んでいないので、子どもに助言できないのです。

きっとこの人とだったら上手くいくだろうと思っていても、また、同じ過ちを繰り返して何度も別れる人がいます。同じことを繰り返すのは、相手の問題ではありません。相手が誰であっても人を変えて同じことを繰り返すのです。そうすると、同じことが起こります。

そうであれば、これまでとは違うことをすればいいものの違ったことをするのを恐れる人は、結果を予想できても対応を変えようとはしません。相手が去っていくと、また同じだったと安心してしまうのです。

反対に、今すべてを見てしまう人がいます。それで何もかも悟るのです。経験をいくら重ねても、学べない人は何も学べませんが、たった一度の経験からでも学べる人はいます。

学べないというのではなく、学びたくないというのが本当かもしれません。同じことをすれば同じことが起こるのはわかっているのに、同じことが起これば、やはりと思うのです。

過去や未来を生きることはできません。それなのに、人は過ぎ去った過去を思って後悔します。未来を思って不安になります。

子育ても、親の介護も後悔の集大成といっていいくらいです。これまでどれほど関係が悪くても、関係の築き方を知らなかっただけです。今から関係をよくする努力をすればいいのです。

未来を思って不安になって未来が変わるものなら不安になってもいいでしょうが、不安になっても何も変わらないのなら、今は先のことを思って不安を感じずに、子どもが学校に行っていないのであれば、学校に行っていない子どもと今、仲良くすればいいのです。

自分ではどうすることもできないこと、権内にないことを何とかしようと思わなければ自由になれます。過去も未来も権内にありません。過ぎてしまったことはもはやないので過去に戻ることはできません。未来もまだきていないので今の時点ではどうすることもできません。だから、過去を思って後悔することも、未来を思って不安になることもどちらも甲斐がないのです。

未来のことで心を煩わすな（七・八）

お前が回り道をして到達することを祈るかのもののすべては、お前が自分自身に拒否しなければ、すでに手に入れることができている。過去のことは捨て去り、未来を摂理に委ね、ただ今を敬虔と正義に方向づけるならば。

「敬虔に」とは、配されたもの（運命）を愛するためである。なぜなら、自然がそ

れを、またお前をそれにもたらしたからである。「**正義に**」とは、**自由に回りくどくなく真実を語り、法に即し**ふさわしい**仕方で行為**するようになるということである

（一二・一）

「お前が回り道をして到達することを祈るかのもののすべては、お前が自分自身に拒否しなければ、すでに手に入れることができている」というのがどういう意味かはわかりにくいかもしれません。

これまでも見てきたように、誰もが幸福でありたいと思います。ところが、今幸福ではない、なぜなら、過去につらい経験をしたからという人がいます。また、幸福であるためには何か――例えば、成功すること――を達成しなければならないと考える人がいます。そのような人は、今はまだあれやこれやのことを達成できていないので今は幸福でないと思い、しかも、達成できるかどうか不安であるといいます。

しかし、過去に何があっても、これからどうなるかわからなくても、実は何も達成していなくても、「過去のことは捨て去り、未来を摂理に委ね」、今幸福であることを「拒否しなければ」、「回り道」、つまり、後悔したり、不安になったりしなくても幸福は手に入れ

られるということです。

先のことでなくても、今こうしたいとかこうでありたいと思うことがあっても、何かと理由を持ち出し、なかなか着手しようとはしないことがあります。その場合は、「自分自身に拒否しない」というのは初めから無理だと思わないということです。他の人ができるといっているのに、「私はできない」というのをやめなければなりません。

もちろん、決心しただけで願っているものを手に入れられるわけではありませんが、できないと思って手がけようとしないことよりも、何もしないことが問題です。何かし始めたら、どこかに向かっていけますが、最初の一歩を踏み出さなければどこにも行けません。

何かをする決心をするためには、まず過去を捨て去らなければなりません。これまでの人生であまり勉強をしてこなかったとしても、それを今問題にしてもどうにもなりません。

次に、これからどうなるかはわからないけれども、できることをするということです。どれだけ努力しても、外の条件が自分が願うことの実現を阻むということは残念ながらあります。そのことは知っておかなければなりません。しかし、そういうことが起こりうるということを、自分が今努力しないことの理由にするのもおかしいのです。
　未来を摂理に委ねるというのは、何もしないということではありません。新約聖書にある次の言葉を思い出しました。
「明日のことを思い煩うな。なぜなら、明日は明日自らが思い煩い、今日の労苦は今日だけで十分だからだ」(『マタイ福音書』六・三四)
　過去を捨て去り、未来もどうなるかわからないけれども、今できることをするしかないのです。この時に、「今を敬虔と正義に方向づける」という条件があるとアウレリウスは指摘しています。願ったことでも実現しないことはあります。今どんなこともしてもいいわけではなく、敬虔と正義に結びつく行為をしなければならないのです。

人生は短い。熟慮と正義を備え、今を無駄にしてはならない(四・二六)

　自分のものといえるのは、今の一瞬一瞬の他になく、その意味で人はただ今だけを生きているのです。しかし、明日をも知らぬ命だから、今日この今を楽しめとはアウレリウスはいいません。将来を頼みにしないで今を生きるためには、何をなすべきか正義に則って熟慮しなければなりません。

寛ぎつつも、正気であれ（四・二六）

今を生きるといっても息詰まるように生きよとアウレリウスはいっているわけではないでしょう。正気であるというのは、酒を飲まない素面《しらふ》の状態のことですが、後先を考えず忘我で生きるのではなく、たとえ苦難の中で生きることになっても、深刻にならず寛ぎ、それでも真剣でなければならない時が人生にはあります。

第十三章

『自省録』を超えて

ここまで多岐のテーマに関連付けて『自省録』を読んできましたが、アウレリウスがいっていることのすべてに同意できるわけではないのです。アウレリウスのいっていることのどこが同意できないのか、またなぜ同意できないのかは個別の箇所で書いてきましたが、本章では、特に注目すべきだと私が考える点を指摘したいと思います。

権内にあることの見極め

自分の力の及ぶことと及ばないこと、どこまでであれば自分の力が及ぶかを明確にして、一方で力が及ばないことについては変えようとは思わず、他方、力の及ぶことについては、自分ができることをしていくことを勧めます。

ストア哲学では、この力が及ぶ、及ばないということを「権内にある」、あるいは「権内にない」という言い方をするということについては先に述べた通りです。権内にない、したがって、力が及ばずコントロールできないことについてまで、何とかしようと思うのは問題ですが、他方、コントロールできるにもかかわらず諦めてしまうことがあれば、さらに問題です。アウレリウスは権内にあるかないかを見極めないで、どんなことについても我慢、諦念《ていねん》し、諦めることをよしとしているわけではないのです。

この世界には、権内にないもの、つまり、自分ではコントロールできないものがたくさんあります。いつどこで生まれるかは自分で決めることはできません。人間は偶然に世界の中に投げ込まれ、そして、またいつか偶然にこの世界から引き離されます。

生まれてから死ぬまでの間、夢のように生きられるわけではありません。誰も一人で生きることはできないので、必ず何らかの仕方で人と関わることになりますが、この人と関わることが時に煩わしく、摩擦が起き、そのため傷つくことがあるからです。そのため、悩みの源泉ともいえる対人関係から逃れたいと思う人もいます。

しかし、他方、生きる喜びも幸福も、人とのつながりの中にこそあるというのも本当です。アウレリウスは、人とつながって生きることを人の本来のあり方だと考えています。

対人関係だけではありません。誰もが病気になること、老いること、事故や災害に遭うことを避けることはできません。そのため、これらの外から降りかかる困難が、人生の行く手を遮り、人を不幸にするように見えます。外にあることは人を不幸にしないことを見てきましたが、それにしても、人生は長くないのに苦難を多々経験すれば、生きていれば苦もあれば楽もあるというよりも、生きることは苦しいと思わないわけにいきません。

そこで、この苦しい人生に目を瞑り、何も考えずにその時々を何か夢中になれることでやり過ごそうとする人は、実際には権内にあるのに、初めから何ともならないと諦めてしまっていないか、解決することはたしかに困難であっても、手を拱いて解決する努力をしていないのではないかと立ち止まらなければなりません。

実存的二分性と歴史的二分性

社会心理学者のエーリッヒ・フロムが、人間が避けては通れない困難を「実存的二分性」と「歴史的二分性」に区別しています。

前者は、人間として生きている限り、必ず直面する困難です。人間は生きることとは相容れない死を受け入れるしかありません（*Man for Himself*）。二分性（dichotomy）というのは、人間は生と死という矛盾の中に生きているということであり、これは人間であることに由来する困難なので「実存的二分性」というのです。

フロムは、この実存的な二分性（矛盾、困難）とは違う、個人の生活や社会生活における問題があることも指摘しています。これは人間が作り出したものなので、それが起きた時、あるいは後になって解決可能な困難です。

科学技術によってそれまでは不可能だったことができるようになり、人間の生活のあり方は大きく変わりました。かつて不治だった病の多くが今や不治ではなくなりました。科学技術から恩恵を受けてきた人は、もはや後戻りすることはできません。

しかし、この技術は人間の平和と幸福のためにだけ使われているのではありません。現代人は、物質的に満足するために技術的な手段を豊富に持っていることと、それらを平和と人間の幸福のためにだけもっぱら使えないという矛盾の中に生きています。核兵器は人類を一瞬で滅ぼすことができます。原発事故が一度起きれば周辺の地域で暮らすことはできなくなり、放射性物質による汚染は末代まで続きます。フロムは、このような現代の矛盾を、先に見た「実存的二分性」と対比して、「歴史的二分性」と呼んでいます（前掲書）。

それは人間存在に不可避な実存的な二分性とは違って必然的な矛盾ではないので、時間がかかるとしても解決できます。このような困難を解決しようとしてきたことが、人類を進歩させてきたともいえます。しかし、この問題は解決できるのに、あるいは、解決しなければならないのに、困難を前に何もしないのは、勇気と知識を欠いているからだとフロムはいいます。

困難を前にして何もしない人は、実存的二分性と歴史的二分性をあえて混同し、解決できるのに、解決できないと証明しようとします。そのような人は「あってはならないことはありえない」と考えます。どれほど不条理に見える出来事が起きても、起きた以上、それはあってはならないことではないと考えるのです。こうして、起きたことを悲劇的な運命として受け入れようとします。このように考えると、問題の解決に向けての努力をしなくなり、戦争や原発事故による損害の責任を誰も取ろうとしなくなります。

できることはある

アウレリウスに話を戻すならば、できることとできないことの見極めをしっかりすることが必要です。不老長寿とか、さらには不死は人間の力が及ばないことですが、個人の問題でいえば、努力をすることもなく、初めからできないと決めてかかってしまうことはあります。

例えば、個人的なことについていえば、歳を重ねてから何か新しいことを学ぼうと思い立つところまではいいのですが、できない理由をすぐに持ち出してしまいます。若い時のような記憶力がないというようなことです。しかし、もしも学生の頃と同じくらい一生懸命勉強すれば、大抵のことを身につけることができるはずですが、一生懸命勉強して結果を出せないことを恐れるのです。

もちろん、努力したからといって、必ず願う結果を得られるわけではありませんが、結果を出すことを恐れて何もしないよりは、努力をした上で結果を受け入れれば、次の一歩を踏み出すことができます。

社会的なことについても、できることとできないことがあります。地震や津波で家族を一瞬にして失うというようなことは耐え難い苦しみではありますが、災害を防ぐことはできません。地震の発生を正確に予知することは現状では難しいようです。

しかし、原発事故のような人が作らなければ起こりえなかった人為的な災難、人災で住む家を失うようなことは、忍従して受け入れるようなことではありません。こちらは、フロムの言葉を使うならば、「歴史的二分性」です。そのようなことに対して、「あってはならないことはありえない」と起こったことを運命であるかのように、手を拱いて何もしないことがあってはならないのです。

アウレリウスが何があっても忍従しなければならないといっているわけではないとしても、『自省録』を読むとそう受け取られるかもしれません。

アウレリウスは怒りという感情には概して否定的ですが、怒らなければならない場合もあります。私的で衝動的、感情的な怒りは無益ですが、社会正義に照らし、間違っていることは間違っていると主張することは必要です。

その時に人が抱く感情は、理性的な「公憤」と呼ばれるものです。戦争は人が自然に即して生きることを不可能にします。それを許さない人や権力に対しては、毅然と声を上げていかなければなりません。

このことに関連していえば、怒らないとか、苦難に耐えるということを為政者がいうとしたら問題です。いかなる逆境にあっても自分を見失わない不退転の強さをアウレリウスは説いていますが、あくまで自分がそのような強さを持とうと努めるということであって、他の人から持てといわれることではありません。

自分を忘れてはいけない

自分を見失わないことについていえば、生きることに伴う苦しみや死の恐れ（先に見たフロムの言葉では「実存的二分性」）から逃れるために、何も考えないでその時々をやり過ごすことはあります。

アウレリウスが次のようにいっています。

ただ一つのこと、神を忘れず、共同体のための実践から実践へと移ることを喜び、安らえよ（六・七）

政治に限らず、仕事も、さらにはどんな仕方であれ人に働きかけることはどれも本来的には「共同体のための実践」であり、他者に貢献するための行為です。

「共同体のための実践から実践へと移る」というのは、実践に終始しそれに没頭するということです。アウレリウスが、各自義務を果たさなければならないといっていることを見てきましたが、アウレリウスも時に死を恐れ、あらゆるものが儚いこの人生を生きることの意味を探求するのに疲れ、皇帝としての仕事をすることに逃げようとしたことがあったかもしれません。共同体のための実践は必ずしも狭義の仕事ではないかもしれませんが、ノートに向かった皇帝は思わず仕事が安らぎだと本音を記したかもしれません。

哲学の究極の問題（だと私は考えるのですが）、つまり、人間は死すべき存在であるにもかかわらず、それでもなぜ生きなければならないのか、人生の意味は何かという問題を考えなければなりません。そのためには、アウレリウスがいうように、内面を見つめる必要があります。

さりとて、内面を見つめてばかりいて自分の外に起きることにも決して無関心であってはならず、ただ心の平静を得られたらいいというわけではありません。高校生の時に倫理社会を教わった先生が最初の授業で話したことを今もよく覚えています。内面ばかり見つめていたところ、いつのまにか鎖に縛られて自由を失ってしまったというのでは駄目だ、と。

内を見つめるというのは、日々の生活に追われ、自分がどんな状況に置かれているのかが見えなくなっているとしたら、まず、その状況を把握し、その上で、何をなすべきか、何ができるかを考えるために立ち止まることです。現状を追認するだけでは駄目だということは先に見ました。実践の哲学は、観照の哲学でもなければならないのです。

参考文献

Adler, Alfred. Mark Stone and Karen Drescher, eds. *Adler Speaks: The Lectures of Alfred Adler*, iUnivere, Inc., 2004.

Burnet, J. ed. *Platonis Opera*, 5vols., Oxford University Press, 1899-1906.

Dalfen, J. ed. *Marci Aurelii Antonini Ad se ipsum libri XII*, BSB B. G. Teubner Verlagsgesellschaft, 1979.

Farquharson, A. S. L. *The Meditation of the Emperor Marcus Antonius, 2 vols,* ed. with translation and commentary, Oxford University Press, 1944.

Fromm, Erich. *Man for Himself*, Open Road Media, 2013.

Gill, Christopher. *Marcus Aurelius Meditations, Books 1-6* with translation and commentary, Oxford University Press, 2013

Hadot, Pierre. *The Inner Citadel: The Meditation of Marcus Aurelius,* Translated by MIchael Chase, Harvard University Press, 1998.

Haines, C. R. ed. *Marcus Aurelius,* Harvard University Press, 1916.

Hude, C. ed. *Herodoti Historiae,* Oxford Univierity Press, 1908.

ISIKAWA TAKUBOKU, *ROMAZI NIKKI*、桑原武夫編訳、岩波書店、一九七七年

Long, H. S. ed. *Diogenes Laertii Vitae Philosophorum,* Oxford University Press, 1964.

Manaster, Guy et al. eds. *Alfred Adler: As We Remember Him,* North American Society of Adlerian Psychology, 1977.

Nietzsche, Friedrich. *Ecce Homo,* Hofenberg , 2016.

Nietze, Friedrich. *Also sprach Zarathustra*, Insel Verlag, 1976.
Pohlenz, M. ed. Cicero, *Tusculanae Disputatione*, De Gruyter, 1998.
김연수「달로 간 코미디언」『세계의 끝 여자친구』문학동네、二〇〇九年
김연수『청춘의 문장들＋』마음산책、二〇一四年

アエリウス・スパルティアヌス他『ローマ皇帝群像1』南川高志訳、京都大学学術出版会、二〇〇四年
荻野弘之『マルクス・アウレリウス「自省録」』岩波書店、二〇〇九年
神谷美恵子『遍歴』みすず書房、二〇〇五年
岸見一郎『三木清『人生論ノート』を読む』白澤社、二〇一六年
岸見一郎『希望について　続・三木清『人生論ノート』を読む』白澤社、二〇一七年
岸見一郎『幸福の哲学』講談社、二〇一七年
岸見一郎『プラトン「ソクラテスの弁明」』KADOKAWA、二〇一八年
岸見一郎『マルクス・アウレリウス自省録』NHK出版、二〇一九年
岸見一郎『人生は苦である、でも死んではいけない』講談社、二〇二〇年
岸見一郎『三木清　人生論ノート：孤独は知性である』NHK出版、二〇二一年
岸見一郎『不安の哲学』祥伝社、二〇二一年
岸見一郎『孤独の哲学』中央公論新社、二〇二二年
岸見一郎『ゆっくり学ぶ』集英社、二〇二二年
北森嘉蔵『聖書の読み方』講談社、二〇一四年
九鬼周造「偶然と運命」（『九鬼周造随筆集』岩波書店、一九九一年所収）
國方栄二『ギリシア・ローマ　ストア派の哲人たち』中央公論新社、二〇一九年

参考文献

サン＝テグジュペリ『人間の土地』堀口大学訳、新潮社、一九五五年
重松清『その日のまえに』文藝春秋、二〇〇八年
田中美知太郎「マルクス・アウレリウス」(『田中美知太郎全集第七巻』筑摩書房、一九六九年)
水地宗明『注解　マルクス・アウレリウス「自省録」』法律文化社、一九九〇年
マルクス・アウレリウス『自省録』神谷美恵子訳、岩波書店、一九五六年
マルクス・アウレリウス『自省録』水地宗明訳、京都大学学術出版会、一九九八年
マルクス・アウレリウス『マルクス・アウレリウス「自省録」』鈴木照雄訳、講談社、二〇〇六年
三木清『人生論ノート』新潮社、一九七八年
森有正『バビロンの流れのほとりにて』(『森有正全集1』筑摩書房、一九七八年所収)
福永武彦『夢のように』新潮社、二〇〇二年
安岡章太郎『死との対面』光文社、一九九八年
山本有三『波』新潮社、一九五四年
和辻哲郎『妻　和辻照への手紙(上)』講談社、一九七七年
和辻哲郎『妻　和辻照への手紙(下)』講談社、一九七七年
和辻哲郎『イタリア古寺巡礼』岩波書店、一九七九年
和辻照『夫　和辻哲郎への手紙』講談社、一九七七年

切りとり線

★読者のみなさまにお願い

この本をお読みになって、どんな感想をお持ちでしょうか。祥伝社のホームページから書評をお送りいただけたら、ありがたく存じます。今後の企画の参考にさせていただきます。また、次ページの原稿用紙を切り取り、左記まで郵送していただいても結構です。

お寄せいただいた書評は、ご了解のうえ新聞・雑誌などを通じて紹介させていただくこともあります。採用の場合は、特製図書カードを差しあげます。

なお、ご記入いただいたお名前、ご住所、ご連絡先等は、書評紹介の事前了解、謝礼のお届け以外の目的で利用することはありません。また、それらの情報を6カ月を越えて保管することもありません。

〒101-8701（お手紙は郵便番号だけで届きます）
祥伝社　新書編集部
電話03（3265）2310
祥伝社ブックレビュー　www.shodensha.co.jp/bookreview

★本書の購買動機（媒体名、あるいは○をつけてください）

＿＿＿＿新聞の広告を見て	＿＿＿＿誌の広告を見て	＿＿＿＿の書評を見て	＿＿＿＿の Web を見て	書店で見かけて	知人のすすめで

★100字書評……マルクス・アウレリウス「自省録」を読む

名前

住所

年齢

職業

岸見一郎　きしみ・いちろう

1956年、京都生まれ。哲学者。京都大学大学院文学研究科博士課程満期退学（西洋古代哲学史専攻）。専門の哲学（西洋古代哲学、特にプラトン哲学）と並行して、1989年からアドラー心理学を研究。著書に『嫌われる勇気』『幸せになる勇気』（古賀史健と共著、ダイヤモンド社）、『幸福の哲学』（講談社現代新書）、『孤独の哲学　「生きる勇気」を持つために』（中公新書ラクレ）、『不安の哲学』（祥伝社新書）など多数。

マルクス・アウレリウス「自省録《じせいろく》」を読《よ》む

岸見一郎《きしみいちろう》

2022年９月10日　初版第１刷発行

発行者……………辻 浩明
発行所……………祥伝社《しょうでんしゃ》
〒101-8701　東京都千代田区神田神保町3-3
電話　03(3265)2081(販売部)
電話　03(3265)2310(編集部)
電話　03(3265)3622(業務部)
ホームページ　www.shodensha.co.jp
装丁者……………盛川和洋
印刷所……………萩原印刷
製本所……………ナショナル製本

Printed in Japan　ISBN978-4-396-11662-0　C0210

〈祥伝社新書〉
歴史に学ぶ

366
はじめて読む人のローマ史1200年
建国から西ローマ帝国の滅亡まで、この1冊でわかる！
東京大学名誉教授 本村凌二

168
ドイツ参謀本部 その栄光と終焉
組織とリーダーを考える名著。「史上最強」の組織はいかにして作られ、消滅したか
上智大学名誉教授 渡部昇一

379
国家の盛衰 3000年の歴史に学ぶ
覇権国家の興隆と衰退から、国家が生き残るための教訓を導き出す
渡部昇一 本村凌二

527
壬申の乱と関ヶ原の戦い なぜ同じ場所で戦われたのか
「久しぶりに面白い歴史書を読んだ」磯田道史氏激賞
東京大学史料編纂所教授 本郷和人

565
乱と変の日本史
観応の擾乱、応仁の乱、本能寺の変……この国における「勝者の条件」を探る
本郷和人

〈祥伝社新書〉
歴史に学ぶ

545
日本史のミカタ
「こんな見方があったのか。まったく違う日本史に興奮した」林修氏推薦
国際日本文化研究センター所長 井上章一
本郷和人

588
世界史のミカタ
「国家の枠を超えて世界を見る力が身につく」佐藤優氏推奨
井上章一
小説家 佐藤賢一

630
歴史のミカタ
歴史はどのような時に動くのか、歴史は繰り返されるか……など本格対談
井上章一
国際日本文化研究センター教授 磯田道史

351
英国人記者が見た
連合国戦勝史観の虚妄
滞日50年のジャーナリストは、なぜ歴史観を変えたのか。画期的な戦後論の誕生
ジャーナリスト ヘンリー・S・ストークス

578
世界から戦争がなくならない本当の理由
なぜ「過ち」を繰り返すのか。池上流「戦争論」の決定版！
ジャーナリスト 名城大学教授 池上　彰

〈祥伝社新書〉
「心」と向き合う

183
般若心経入門
276文字が語る人生の知恵
永遠の名著を新装版で。いま見つめなおすべき「色即是空」のこころ
松原泰道

204
観音経入門
悩み深き人のために
安らぎの心を与える「慈悲」の経典をやさしく解説
松原泰道

076
早朝坐禅
凜《りん》とした生活のすすめ
坐禅、散歩、姿勢、呼吸……のある生活。人生を深める「身体作法」入門
宗教学者
山折哲雄

188
歎《たん》異《に》抄《しょう》の謎《なぞ》
親鸞をめぐって・「私訳 歎異抄」・原文・対談・関連書一覧
親鸞は、本当は何を言いたかったのか?
作家
五木寛之

308
神(サムシング・グレート)と見えない世界
「神」とは何か? 「あの世」は存在するのか? 医学者と科学者による対談
東京大学名誉教授
矢作直樹
筑波大学名誉教授
村上和雄